Elson Faxina
Pedro Gilberto Gomes

Midiatização

Um novo modo de ser e viver em sociedade

Paulinas

Dados Internacionais de Catalogação na Publicação (CIP)
(Câmara Brasileira do Livro, SP, Brasil)

Faxina, Elson
    Midiatização : um novo modo de ser e viver em sociedade / Elson
Faxina, Pedro Gilberto Gomes. – São Paulo : Paulinas, 2016. – (Coleção:
comunicação & cultura)

    ISBN 978-85-356-4219-3

    1. Comunicação de massa 2. Comunicação de massa - Aspectos
sociais 3. Mídia I. Gomes, Pedro Gilberto. II. Título. III. Série.

16-06977   CDD-302.23

Índice para catálogo sistemático:
    1. Midiatização : Aspectos sociais : Sociologia   302.23

Direção-geral: *Bernadete Boff*
Editora responsável: *Maria Goretti de Oliveira*
Copidesque: *Cirano Dias Pelin*
Coordenação de revisão: *Marina Mendonça*
Revisão: *Ana Cecilia Mari*
Gerente de produção: *Felício Calegaro Neto*
Diagramação: *Manuel Rebelato Miramontes*

*Nenhuma parte desta obra poderá ser reproduzida ou transmitida
por qualquer forma e/ou quaisquer meios (eletrônico ou mecânico,
incluindo fotocópia e gravação) ou arquivada em qualquer sistema ou
banco de dados sem permissão escrita da Editora. Direitos reservados.*

Paulinas
Rua Dona Inácia Uchoa, 62
04110-020 – São Paulo – SP (Brasil)
Tel.: (11) 2125-3500
http://www.paulinas.org.br – editora@paulinas.com.br
Telemarketing e SAC: 0800-7010081
© Pia Sociedade Filhas de São Paulo – São Paulo, 2016

Sumário

Prefácio *José Luiz Braga* 5

Apresentação 17

Introdução – Sociedade em midiatização: saudade ou esperança? .. 21

I   Midiatização da sociedade ou sociedade em midiatização? 31

II   Fenomenologia da midiatização 39
    A metodologia nos processos midiáticos 39
    Husserl e a fenomenologia 51
    Heidegger e a fenomenologia 55
    Merleau-Ponty e a fenomenologia 58

III O Uno, o Múltiplo e a comunicação 71
    Revisitando os clássicos 71
    Platão e os dois Unos 71
    A visão unitária de Plotino 75
    Santo Agostinho e a visão da unidade 77
    Filósofos da Idade Média 80
    Nicolau de Cusa 84
    Considerações gerais 87

IV Complexidade e sistema 89
    Humberto Maturana e Francisco Varela 89
    Niklas Luhmann 97
    Edgar Morin 104
    Manuel Castells 109

V   As tecnologias como extensões da nervura humana 117
    Pierre Teilhard de Chardin 117
    Marshall McLuhan 128

VI A questão da midiatização 143
Dominique Wolton e o pensamento comunicacional 143
Jesús Martín-Barbero: dos meios às mediações 151
Muniz Sodré e o estágio atual do
processo de midiatização 163

Conclusões 177
O objeto e o método 177
O conceito de midiatização 180
Mapa do processo de midiatização 184

Referências bibliográficas 189

Prefácio

José Luiz Braga

Um prefácio tem como foco habitual tratar o teor, a estrutura, os temas do livro que apresenta. Uma apreensão abrangente oferecida pelo simples folhear do livro e seu sumário faz perceber que o texto é instigante e apresenta uma tese que deve ser refletida. Referindo-se a uma questão de grande atualidade – a midiatização da sociedade –, a proposta se apoia em um pensamento filosófico que atravessa os séculos.

Para elaborar o presente comentário de modo ponderado, porém, devo começar por uma abordagem indireta, tratando do próprio convite que recebi para essa apresentação. Tive, em meio à satisfação pela confiança, certa sensação de paradoxo. Já conhecia as principais linhas de pensamento de Pedro Gilberto Gomes e de Elson Faxina. O primeiro, além de suas funções na gestão superior da Universidade do Vale do Rio dos Sinos (Unisinos), é nosso colega no Programa de Pós-Graduação em Ciências da Comunicação. O segundo, professor da Universidade Federal do Paraná (UFPR), fez seu doutorado no Programa da Unisinos, tendo participado de debates no período em que conversávamos entre nós e com os estudantes, em seminários de coletivo docente, sobre as diferentes perspectivas com que perseguíamos conhecimentos a respeito de comunicação e de midiatização.

Esse período, muito rico de mútua estimulação e, para mim, ocasião de relevantes aprendizagens, evidenciou também, a todos os participantes, as preferências diversas que adotávamos. Não se tratava, é claro, de embates para convencer uns aos outros, mas antes do bom tensionamento agonístico, através do qual não só se aprende a diversidade de perguntas e ângulos com os quais se constrói o conhecimento, como também se enfrenta a tarefa de aprofundar suas próprias perspectivas, para perceber a viabilidade destas no terreno mais complexo de interpretações diversificadas. Em processos desse tipo, tecem-se redes finas de necessária articulação entre as preferências pontuais de cada um e os quadros mais abrangentes que as visadas dos colegas oferecem e cobram. A própria curiosidade investigativa se amplia e aprofunda. Muito frequentemente, nossas ideias mais prezadas decorrem justamente desse tipo de ambiente dialético.[1]

Para que esse tipo de ambiente se realize e seja produtivo, é preciso que os participantes tenham, ao mesmo tempo, uma sintonia de preocupações, com suficiente grau de acordo sobre os objetivos maiores, e uma diversidade de perspectivas que se desafiam mutuamente. É preciso que tenham a tranquilidade do desacordo, de poder trazer outra ideia, de tensionar o que está sendo posto, e, ainda, um respeito básico pelas posições diversas, somando-se à generosidade de saber que o conhecimento não é um produto individual, mas resultado, justamente, desse trabalho em comum, que faz superar a dispersão dos pontos de vista, mantendo sua diversidade – agora enriquecida pelo reticulado que se constitui nas relações e tensionamentos entre ideias.

---

[1] Jean-Pierre Vernant atribui o afloramento da filosofia grega clássica ao surgimento de condições político-sociais, na Grécia antiga, viabilizadoras do debate agonístico. A agonística (de *agón* – luta, conflito, combate codificado) refere-se à busca de conhecimento com base na polêmica, no livre debate de ideias, no abandono do argumento de autoridade.

Isso corresponde a dizer que, no processo mesmo da produção de conhecimento, a comunicação já exerce uma função imperativa. Posso então, agora, voltar à sensação de paradoxo. Naqueles debates que formaram a base referencial que nos relaciona, aos docentes da linha de pesquisa, e que se mantém em nossa produção e diálogos, tem ficado clara, como tática de aproximação ao conhecimento comunicacional e da midiatização, minha preferência pelo estudo de casos em sua especificidade, por um processo de descoberta a partir dos microfenômenos em que aquelas grandes questões se mostram aos olhos dos participantes sociais.

Como os leitores verão, a perspectiva do livro, em linha diversa, assume uma entrada diretamente pela complexidade abrangente dos fenômenos. Defende a importância de uma busca pelo todo como requisito para explicação da parte, e sem o qual não se faz possível a articulação entre a infinidade dos microelementos que se manifestam.

O convite se põe, assim, com essa aparência de paradoxo, porque a lógica do livro, assim como as posições que conheço de Pedro Gilberto Gomes (dos dois autores, o porta-voz do convite), sugerem que, como pesquisador interessado em estudos de caso, eu não teria o perfil mais adequado para prefaciar a obra. Assumindo, porém, que gestos como um convite deste tipo não são casuais nem infundados, devo imaginar que o aparente paradoxo é, na verdade, um desafio, em que minhas perspectivas sobre agonística e tensionamento produtivo devem ser testadas.

Tal foi, então, o espírito com que assumi a leitura do livro, como um duplo desafio: o da tarefa habitual dos prefácios, que é a de expor, em forma preliminar, uma interpretação sobre as contribuições que o texto oferece para a área, e o de deslindar o sentido do convite como lance comunicacional.

Começo pelo ângulo mais habitual, com a expectativa de que o esquadrinhamento do texto fornecerá pistas para o segundo desafio. Para esse ângulo de praxe não cabe sumariar o livro e suas propostas – ou seja, tentar dizer em formulação curta o que o texto diz. Isso seria antes um fichamento que um prefácio, envolvendo dois riscos: o de ser infiel ao que o próprio texto diz e prefere; e o de aborrecer o leitor, que, ao ler resumos, ganharia mais em ir diretamente à substância do que lhe é oferecido, em primeira mão, no próprio texto.

Cabe, no entanto, observar o que o texto faz. Sempre apreciei tentar entender de que modo um texto – artigo ou livro – se oferece, para além de seus dizeres, como um dispositivo interacional. Isso implica estudar sua construção, que se organiza não só como soma de proposições, mas também, e sobretudo, como dinâmica articulada, que faz mais que afirmar e informar – busca acolher e envolver o leitor em suas lógicas, convidando-o, assim, a jogar o jogo da interação.

Não só acordos e desacordos, não só convencimento ou ceticismo são produzidos nesse jogo, mas, particularmente, as complexidades do diálogo, de uma aprendizagem que vai além da coleta de proposições para viabilizar processos de apropriação do texto dito no acervo outramente constituído do leitor. Aqui, entramos diretamente no espaço da interpretação, a qual, necessariamente, não é a mais exata nem supera qualquer outra, mas se justifica na especificidade do leitor que produz essa leitura.

Como o texto faz o que faz? Aos olhos do leitor, que fazer é esse? Um prefácio pode ser o exercício de responder a tais perguntas. Nessa visada, aquela questão paradoxal que me intrigava estimula um olhar aguçado para a descoberta: nada nos faz apreender um texto como esquadrinhá-lo já com um desafio despertado.

Destaco, então, alguns movimentos que me parecem principais nessa obra que o leitor tem em mãos. Uma primeira ação se organiza na introdução e no capítulo inicial, os quais constroem os elementos da realidade social na qual o quadro de problematização do livro lança suas raízes: os indicadores que compõem um mundo em processo de midiatização, em uma comunicação assumida como processo central de constituição da sociedade e que, de algum tempo para cá, recebe um componente midiático modificador de tudo o que antes compunha a interação entre os homens, suas comunidades, sua sociedade.

A ênfase é dada à percepção de que tal processo histórico se coloca como enigma, como ponto de passagem entre um já dado e algo de futuro não determinado, mas que, aberto a possibilidades, exige que estas sejam ditas – viabilizando, por esse dizer mesmo (essa predição), que aquilo que é apenas possível seja robustecido em ocorrência. Nesse movimento, que é o da constituição do problema reflexivo e o da prefiguração das linhas de resposta, uma frase-chave do livro é a seguinte:

> [...] como ainda a humanidade está em fase de constituição desse novo processo, devemos perguntar: a sociedade em midiatização é saudade de um mundo que já foi ou é esperança de uma realidade que virá? Uma resposta plausível é que podem ser as duas coisas (p. 16).

Nesse primeiro conjunto dinâmico da elaboração aparecem também as questões mais substanciadas de uma midiatização que se instala na sequência crescente de articulações entre os processos interacionais sucessivamente vigentes, as técnicas que lhes são associadas e a própria forma da sociedade. De certo modo, é essa composição que parece merecer a caracterização como o todo que interessa e concentra a atenção do livro: não apenas a sociedade em sua composição complexa de pessoas, regimes de organização, de produção de bens e de serviços, de processos culturais e de sistemas interacionais que ao mesmo tempo viabilizam a composição e nela florescem. Mais que isso, o todo é a própria dinâmica que atravessa a sucessão de grandes momentos históricos – percebidos pela lógica da interacionalidade que os constitui e move.

Trata-se, então, no livro, de propor uma direção e um sentido para essa seta que atravessa, em mutação e evolução constantes, a diversidade histórica da humanidade – com os prognósticos que podem ser feitos a partir do exame de caminhos já percorridos e das tensões que se mostram como desenho do presente.

Em minha leitura, a direção que o livro adota para a seta que representa a dinâmica desse todo pode ser definida pela escolha do mote "integração". É já nesse primeiro movimento que aparece, sinalizando tal escolha e oferecendo uma primeira sustentação, a referência a Teilhard de Chardin. A essência e o sentido das interações humanas são a busca da integração.

A lógica de um segundo movimento é fazer a defesa do método adequado ao estudo comunicacional, no que este se apresenta como dinâmica central da construção social. O texto assinala os limites de uma ênfase no aparato tecnológico, no conteúdo dos produtos, na estrutura deles, nos enfoques de gênero. A linha de base que justifica a crítica de tais objetos (no que se refere à percepção do comunicacional) é justamente que seu estudo não permite fazer uma distinção dos estudos de comunicação e os de outras ciências humanas e sociais que também os observam. Efetivamente, essa é uma questão que preocupa aos que estudamos a comunicação em sua possibilidade de conhecimento distinto (embora outros autores possam buscar distinções diversificadas).

Nesse mesmo movimento, a reflexão faz também uma distinção marcada entre estudos em perspectiva holista – que assumem o todo como alguma coisa mais complexa que a mera soma das partes que o compõem – e estudos em perspectiva individualista, para os quais o livro cita Gaeta et al.: "[...] os fatos sociais são um agregado formado pelas ações, atitudes e demais circunstâncias correspondentes às pessoas que tomam parte neles" (p. 28).

Defende, então, a busca da essência – de uma visada ontológica, em contraposição ao objeto de pesquisa focado nos microfenômenos. Aqui aparece, com maior nitidez, o paradoxo de que falamos no início – não no texto, é claro, mas entre este e algumas preferências de pesquisa do prefaciador.

Outro movimento ocupa, agora, um conjunto de capítulos. Depois de estabelecido o quadro onde a questão se explicita como central, e exposto o enfoque metodológico que corresponde à tomada de posição dos autores, o encaminhamento, então, é de outra ordem: trata-se de dar sustentação, referência e tensão reflexiva para os conceitos da tese da integração, a qual se garante ao mesmo tempo como processo pelo qual a comunicação se mostra organizadora do social e como lastreada no pensamento filosófico através de pensadores que viabilizam pensar a comunicação como a dinâmica e a própria lógica do Uno.

Não por acaso, os três capítulos que correspondem a esse movimento do texto organizam seus autores de referência nos seguintes conjuntos: "O Uno, o Múltiplo e a comunicação"; "Complexidade e sistema"; e "As tecnologias como extensões da nervura humana".

No primeiro, os clássicos são chamados a propor as bases do mistério que relaciona o mundo como conceitualmente Uno e a diversidade sempre mutável do Múltiplo (do diverso, do nunca igual a si mesmo, da instabilidade constante de todas as coisas): Platão, Plotino, Santo Agostinho, outros ainda.

No segundo, em um salto para o século XX e para os dias de hoje, o livro retoma o que, no fundo, é ainda a mesma questão, mas agora com o perfil e os instrumentos reflexivos da modernidade: Maturana e Varela, Luhmann, Morin, Castells.

No terceiro, sempre no século XX, Pierre Teilhard de Chardin e Marshall McLuhan é que pontificam. Uma especificidade desse capítulo é que já não é a complexidade social que chama a atenção para a comunicação enquanto processo e necessidade: esta é que se mostra diretamente como a "nervura humana", potenciada pela tecnologia. O capítulo explicita a centralidade de Teilhard como núcleo gravitacional em torno do qual se ordenam as demais referências em todo o livro. Se McLuhan se inclui no mesmo capítulo, é porque corrobora, em outras angulações, o que Chardin já dissera antes dele.

Embora o capítulo subsequente mantenha o padrão de estudo de autores, o movimento agora é outro. Dominique Wolton, Jesús Martín-Barbero e Muniz Sodré são chamados por suas perspectivas que ultrapassam uma visão de mídia como corpo em separado, agindo sobre a sociedade. O que eles observam é a mídia no compasso social. Cada um dos três é trazido por seus ângulos próprios de reflexão sobre uma sociedade agindo com e sobre sua mídia ou nos processos pelos quais ela enfrenta os processos midiáticos.

Nem sempre o texto concorda com detalhes propostos pelos três autores referidos – dá relevância às visadas de abrangência, assim como à potencialidade da mídia (ou suas limitações, e aqui talvez o eventual desacordo) para uma dinâmica integradora do social.

Há, finalmente, um movimento de fecho das reflexões, no capítulo de conclusão. O que foi levantado antes no contexto próprio dos autores referidos é aqui reunido ("é o momento de recolher o que se fez ao longo do trabalho", p. 113). Articulam-se, assim, as proposições abrangentes sobre midiatização e algumas contribuições selecionadas das referências.

A tomada de posições metodológicas é também reiterada, mostrando sua necessidade para a observação – filosófica – do objeto assumido. Cabe, aqui, referir um trecho que sintetiza bem essa posição:

Partindo dessa concepção, podemos perceber um ponto de articulação diante das pesquisas individuais, dos microfenômenos, e nossa proposta. A concepção atomista afirma que devemos estudar os fenômenos da mídia separadamente para poder compreender o que é esse objeto de forma precisa. Todavia, nossa visão percebe que o estudo dos fenômenos de forma separada não consegue dar conta da totalidade dos fenômenos em conjunto. Logo, o processo de midiatização da sociedade, contemplando a complexidade das diversas mídias, está para além do estudo particular dessas mesmas mídias (p. 114).

Aqui, percebo que o aparente paradoxo da escritura deste prefácio começa a se desfazer. Por dois motivos. O primeiro é de ordem mais imediata, quase empírica, porque temos, os autores e eu, uma confluência de perspectivas sobre a ineficiência do estudo particular de cada um dos meios de comunicação, por suas lógicas específicas: o que importa são os processos que os articulam a todos e, sobretudo, os processos interacionais da própria sociedade, que, mesmo "de fora das mídias", as aciona para toda a complexidade de exercício do fenômeno comunicacional/ social. Mas também, em minha perspectiva, o estudo de processos transversais que comparecem igualmente nos casos sociais de matrizes interacionais e de circuitos complexos.

Depois – e talvez sobretudo – porque o texto aponta a existência de articulação possível entre a proposta do livro e as pesquisas de microfenômenos. Embora não desenvolvida no texto, essa possibilidade nos remete diretamente à perspectiva de Lucien Goldmann em *Dialética e cultura*:

> [...] para separar no dado empírico bruto o essencial do acidental, é indispensável inserir esses fatos ainda mal conhecidos numa outra estrutura mais ampla que os abarca [...] sem jamais esquecer, porém, que os conhecimentos provisórios que se têm dos fatos dos quais se partiu são – precisamente na medida em que constituem um elemento da estrutura mais ampla – um dos pontos de apoio mais importantes para deduzir esta última (GOLDMANN, 1967, p. 101).

Em última análise, compartilhamos, todos, a expectativa de uma abrangência, de uma estrutura na qual os "fatos isolados", ainda que mal conhecidos, sejam efetivamente abarcados e abraçados, e na qual ganharão sentido exatamente porque são partes desse todo. Assim, estudar a parte não implica necessariamente recusar a ideia de um todo (no caso, para mim, o todo podendo se nomear "fenômeno comunicacional"). Não dispondo, ainda, da percepção de uma abrangência, ora começamos, tentativamente, pelo estudo dos fatos, caso a caso, procurando, de modo ascendente, constituir percepções de horizonte mais amplo, ora propomos perspectivas heurísticas menos ou mais abrangentes, as quais nos servirão de referência para uma ida à realidade microfenomênica das coisas do mundo – do Múltiplo que nos invade a percepção e que nos fornecerá alguns pontos de apoio para aperfeiçoar nossas heurísticas iniciais. Indo e voltando entre o mundo das coisas imediatas percebidas e o espaço abrangente das coisas refletidas – é justamente o que defende Goldmann.

Um ponto que o livro me traz – e ajuda a dar pleno sentido a essa proposição de Goldmann – é a referência à "tese antiga de que o Uno contém o Múltiplo e vice-versa" (p. 69). Em sintonia com essa tese, o princípio hologramático de Edgar Morin, também referido pelo livro, diz que "não apenas a parte está no todo, mas o todo está na parte. Tal princípio apresenta-se tanto no mundo biológico quanto no mundo sociológico" (p. 70).

Assim, a diferença estaria apenas nas condições de acesso e no que se pode aprender em uma instância ou outra – justificando-se, desse modo, a ida e volta de Goldmann, pois a cada um desses dois movimentos reiterados trazemos ao ponto de origem o que se descobriu de pertinente na visita ao outro nível. Na integração entre esses dois polos, vamos produzindo conhecimento.

Não há, portanto, uma linha de ruptura entre a perspectiva do livro e algumas das que este prefaciador reputa relevantes. Aparece, apenas, uma distinção de táticas. Em minha visada, todas as táticas metodológicas, desde que seguidas com rigor reflexivo, são relevantes quando se trata de investigação científica e de descoberta – justificando-se ou não por sua produtividade subsequente, mais que por uma obrigatoriedade anterior de escolha.

Assim, embora os autores e o texto evidenciem uma preferência por Platão, enquanto este que assina sempre sentiu uma sintonia maior com Aristóteles, diferenças desse tipo fazem o cotidiano da pesquisa e do debate acadêmico. Posso completar este prefácio assegurando que também para os pesquisadores do microfenômeno – ou seja, de aspectos e características parciais – o livro é um estímulo relevante para a reflexão comunicacional. Muito diferente de um paradoxo, o convite expressa o que já é nossa tradição no PPG em Ciências da Comunicação da Unisinos: junto com uma sintonia de preocupações maiores, a valoração de uma diversidade de perspectivas que, no seu tensionamento, produz o diálogo que nos mantém despertos.

Temos todos a ganhar deixando-nos instruir e tensionar por esta obra, particularmente pela tese da comunicação como fator de integração.

Apresentação

Falta hoje, na comunidade dos pesquisadores, a percepção de que o mundo midiático, e a sociedade que o conforma e é por ele conformada, está colocando em tela um novo conceito social. Nesse sentido, a comunicação e o processo de midiatização da sociedade continuam a desafiar os pesquisadores da área, na tentativa de encontrar uma gramática[1] para decifrá-los. Tal é o escopo das pesquisas sobre a questão da midiatização realizadas no Programa de Pós-Graduação em Ciências da Comunicação (PPGCom) da Universidade do Vale do Rio dos Sinos (Unisinos), ao qual este texto se vincula.

No marco desse propósito desenvolveu-se um projeto que, partindo do estado da arte em midiatização, passa pela revisitação aos clássicos da unidade e chega aos teóricos da complexidade e da comunicação hoje. Resultado dessa pesquisa[2] é a obra que ora apresentamos, sob o título *Midiatização: um novo modo de ser e viver em sociedade.*

Partimos do entendimento de que os questionamentos que emergem dos estudos sobre a midiatização, até agora desenvolvidos, deixam a descoberto uma compreensão mais abrangente do que está acontecendo hoje na sociedade, e que pode ser tematizado como a midiatização da sociedade. Nesse sentido, o olhar para a sociedade em processo de midiatização configura a pedra angular

---

[1] Aqui, por gramática entendemos os elementos que permitirão a correta compreensão do processo de midiatização da sociedade. Não a entendemos como um conjunto de regras fixas.

[2] Esta pesquisa contou com as decisivas colaborações dos bolsistas de Iniciação Científica do CNPq Guilherme Malo Maschke e Rafael Roos.

da reflexão que propomos. Trata-se da tentativa de superação do modo como a comunicação vem sendo considerada no momento atual. Por isso, não centramos nosso estudo na sociedade nem nas mídias, mas na comunicação em si. O ponto de chegada, portanto, é o conceito de midiatização, que expressa uma mudança de grande transcendência hoje. Ela é um princípio de inteligibilidade social, um novo modo de ser no mundo.

Em nossa pesquisa, a necessidade da volta aos clássicos emergiu porque consideramos o processo de midiatização como uma retomada moderna da visão unificadora da sociedade. Ora, a tal visão de totalidade encontra suas raízes em Platão e Plotino e nos platônicos posteriores, distinguindo-se do pensamento analítico de Aristóteles.

Já o diálogo com os teóricos da complexidade se explica porque são eles os que mais se aproximam do projeto de visão complexa e sinérgica da sociedade do conhecimento, tecida hoje em redes, onde qualquer ponto é início para entrar no todo. Tanto Castels quanto Morin desenvolvem estudos que procuram superar a visão parcial e fragmentada da sociedade, considerando-a na sua totalidade. A hipótese de que o processo de midiatização possui uma vocação para a totalidade e constitui um princípio de inteligibilidade social indica a necessidade de que se revisitem esses teóricos.

Dessa maneira, o mundo da mídia exige que se contemplem os teóricos da comunicação que procuram entendê-lo na sua complexidade e como sistema. Pensamos aqui, principalmente, em Luhmann, Varela e Maturana, que não são teóricos da comunicação, mas cujas reflexões fornecem elementos para a compreensão do processo de midiatização. O próprio Luhmann tem dedicado algumas de suas obras para pensar a comunicação. É dele a expressão "a comunicação é o fundamento da sociedade".

Fechando esta parte do trabalho, trazemos as ideias de Marshall McLuhan e Pierre Teilhard de Chardin. O primeiro porque foi o que com mais propriedade intuiu o novo que significava o mundo da comunicação contemporâneo, criando conceitos que continuam sendo trabalhados por seguidores no Centro McLuhan de Toronto, dirigidos por Derrick de Kerckhove. O segundo porque traz elementos que permitem compreender a evolução social em termos de complexidade e consciência e apresenta o conceito de noosfera.

Por fim, trazemos os pensamentos comunicacionais de Dominique Wolton, Jesús Martín-Barbero e Muniz Sodré porque são os autores contemporâneos que mais apresentam estudos que podem ajudar na problematização do conceito de midiatização ora em construção.

A visita a todos esses autores permitiu-nos traçar um quadro mais amplo sobre o momento que estamos vivendo, no qual se opera uma mudança epocal, com a criação de um bios midiático que incide profundamente no tecido social. Surge uma nova ecologia comunicacional. É um bios virtual. Entendemos que, mais do que uma tecnointeração, está surgindo um novo modo de ser no mundo, engendrado pela midiatização da sociedade.

Assumindo-se a midiatização dessa maneira, supera-se, no nosso entendimento, a mediação como categoria para se pensar a comunicação hoje. Estamos numa nova ambiência, que, se bem tenha fundamento no processo desenvolvido até aqui, significa um salto qualitativo, uma viragem fundamental no modo de ser e atuar em sociedade.

Neste estudo propomos, portanto, a hipótese de que tal fenômeno se estrutura como um projeto global, de unidade, superando o modo como a comunicação vem sendo considerada no momento atual.

Muitas questões estão emergindo a partir desse entendimento da sociedade como em processo de midiatização. No trabalho de recolha que se desenvolveu, essas questões são restolhos que ficam no campo. Uma delas é o *status* da comunicação como ciência. Contudo, para se afirmar o *status* científico da comunicação é necessário identificar o objeto e definir a metodologia adequada para trabalhá-la e pesquisá-la.

O presente livro traz o processo aqui descrito e a nossa compreensão da provisoriedade dessa reflexão, que é apresentada à comunidade acadêmica para debates e complementações.

São Leopoldo, Rio Grande do Sul, 2016
Prof. Dr. Pedro Gilberto Gomes, sj
Prof. Dr. Elson Faxina

Introdução

Sociedade em midiatização: saudade ou esperança?

O rápido desenvolvimento dos dispositivos tecnológicos de comunicação – desde o satélite até a rede mundial de computadores – está configurando novas relações sociais que escapam à compreensão de todos, incluindo os pesquisadores da área e o mais arguto pensador que busca entender a sociedade. Uma consideração ligeira traz à baila apenas a satisfação diante da facilidade com que as pessoas podem se comunicar e se informar. Mecanismos tradicionais de comunicação utilizados largamente até bem pouco tempo rapidamente saem do cotidiano das pessoas. As máquinas datilográficas, mesmo as mais sofisticadas, saíram de moda. Por seu turno, o fax e o telex parece que nasceram mortos. Com o advento da rede mundial, houve um aceleramento nas relações sociais. Hoje, cinco anos trazem mais desenvolvimento para a vida humana do que séculos do passado.

O telefone celular, em integração com a Internet, a televisão e o satélite, fez-se presente definitivamente na vida das pessoas, desde crianças e adolescentes até aqueles que atingiram o que se convencionou chamar de melhor idade. Antes o Orkut e o MSN, hoje o Twitter e, especialmente, o Facebook e o WhatsApp[1] tomam conta do imaginário social, a começar pelas crianças, adolescentes e jovens, reconhecidos como nativos digitais. Os meios de

---

[1]   Em breve, seguramente, outra nova mídia.

comunicação tradicionais, como rádio, jornal e televisão, incorporaram definitivamente esses mecanismos em seu agir cotidiano. Vive-se a realidade da plena transparência. Tudo pode vir a ser descoberto. A privacidade submete-se à ditadura dos interesses individuais. Privatiza-se o público e socializa-se o privado.

O mundo vive numa verdadeira euforia tecnológica. Quem não possui o último modelo de celular, depois de apenas um semestre, considera-se *out* da convivência social. No campo religioso, as Igrejas vibram com os instrumentos que permitem que sua voz e mensagem cheguem a todos os confins da terra. No domínio da informação, todos e cada um são repórteres e testemunhas oculares dos acontecimentos. O mundo está, não por obra direta da mídia tradicional, vencendo as barreiras sociais e os desequilíbrios nas relações informativas Norte/Sul. Várias bandeiras das décadas de 1970 e 1980 foram superadas e perderam o seu sentido. Os que ainda as defendem são considerados verdadeiros dinossauros sociais. Quem se lembra das lutas gloriosas da Nomic,[2] que ocasionaram a saída do Japão e dos Estados Unidos da Unesco?[3]

Mas quais as consequências para a humanidade desse turbilhão de desenvolvimento? Será que estamos apenas assistindo a uma sofisticação dos aparatos comunicativos, sempre guiados pelo timão firme do ser humano? A sociedade está conseguindo equacionar e dimensionar corretamente o que acontece atualmente?

As pesquisas e as obras publicadas a esse respeito são muitas. Entretanto, existe a suspeita de que o que se faz permanece na superfície da realidade. Descreve-se o que está acontecendo, mas não se mergulha nos subterrâneos dos processos que se instauram

---

[2]   Nova Ordem Mundial da Informação e Comunicação.
[3]   Organismo da Organização das Nações Unidas (ONU) para a educação, a ciência e a cultura, impulsionadora da Nomic.

silenciosamente no tecido social. Muitos pesquisadores – à moda do *flâneur* benjaminiano – deslizam pela superfície do fenômeno, ocupados em descrevê-lo, mas sem compreender a sua verdadeira complexidade e dimensão. Tais viajantes do cotidiano deixam de levar em consideração, ou não alcançam compreender, a verdadeira dimensão do que alguns autores disseram sobre o mundo que estamos vivendo. Como profetas visionários de um novo tempo, eles procuraram antecipar o que se estava gestando nos porões da história da humanidade antes mesmo do surgimento das novas mídias proporcionadas pelo aparecimento da Internet.

Um deles foi o sacerdote jesuíta francês Pierre Teilhard de Chardin. Biólogo, paleontólogo, teólogo e filósofo, Teilhard de Chardin dedicou-se a estudar os fenômenos humanos da pré-vida, da vida, do pensamento e da sobrevida. Ou a evolução da biosfera, desde a antroposfera até a noosfera. Para ele, a evolução é constante. Tudo o que sobe, converge. Portanto, depois do aparecimento do homem sobre a Terra, o processo evolutivo continua, na sua marcha inexorável para o ponto ômega. Na concepção do autor, a tecnologia é a expressão da evolução na constituição de um cérebro global, formado por todos os cérebros humanos, como se fossem neurônios. É o fenômeno que Teilhard chama de *ultra-humano*. Podemos pensar, escreveu ele,

> que essas tecnologias são "artificiais" e completamente "exteriores aos nossos corpos", mas na realidade elas são parte da evolução "natural, profunda", do nosso sistema nervoso. "Podemos pensar que estamos apenas nos divertindo", ao usá-las, "ou apenas desenvolvendo o nosso comércio, ou apenas propagando ideias. Na realidade, o que estamos fazendo é nada menos do que continuar num plano superior, por outros meios, a obra ininterrupta da evolução biológica.[4]

---

[4]   Apud WOLFE, Tom. Introdução. In: McLUHAN, Marshall. *McLuhan por McLuhan*. Rio de Janeiro: Ediouro, 2005.

A posição de Teilhard foi expressa por volta de 1940 e pergunta se a humanidade que se espalha por todo o planeta não estaria formando nada mais que uma só unidade orgânica maior, encerrada sobre si mesma, uma só arquimolécula hipercomplexa, hiperconsciente e coextensiva à terra. Nessa linha, pergunta: "O fechamento desse circuito esférico pensante não será o que está sucedendo neste momento?" (CHARDIN, 1962, p. 143).

Mais adiante, no final da década de 1960, outro visionário apareceu com ideias semelhantes (provavelmente sob influência do jesuíta francês), afirmando que o desenvolvimento dos meios de comunicação como extensões do homem estava configurando uma cobertura global como uma túnica inconsútil. O canadense Marshall McLuhan[5] falava de uma aldeia global. Foi considerado um sonhador, não científico. Entretanto, suas ideias procuravam compreender e identificar o processo que, no final da década de 1960, estava em pleno desenvolvimento. Falava não apenas baseado na televisão, mas também na explosão da eletricidade.

Mais para o final de 1990, outro pensador francês, Joël de Rosnay,[6] afirma que estamos tratando de uma nova forma de vida, com alto nível de organização nunca antes alcançado pela evolução. Diz que é uma espécie de macrovida em escala planetária, em simbiose com a espécie humana. "Trata-se de órgãos e sistema vitais de um superorganismo em vias de emergir. Irá modificar o futuro da humanidade e condicionar seu desenvolvimento no decorrer do próximo milênio" (ROSNAY, 1997, p. 17).

Esse homem simbiótico, esse supercérebro, estar-se-ia gestando a partir do intenso desenvolvimento tecnológico.

---

[5]   Cuja obra seminal é: *Os meios de comunicação como extensões do homem*. São Paulo: Cultrix, 1969.

[6]   ROSNAY, Joël de. *Homem simbiótico*. Perspectivas para o terceiro milênio. Petrópolis: Vozes, 1997.

Na Unisinos,[7] pesquisadores como Antônio Fausto Neto, José Luiz Braga, Jairo Ferreira e Pedro Gilberto Gomes estão se debruçando sobre o processo de midiatização, tentando compreendê-lo desde a sua essência, superando, de um lado, uma abordagem impressionista e, de outro, a consideração apenas a partir do conteúdo transmitido. Mais do que proporcionar o surgimento de novos dispositivos comunicacionais e seus naturais desafios, o atual processo midiático-cultural está inaugurando uma nova ambiência social.

Esta é a preocupação que preside o desenvolvimento dos trabalhos que estamos empreendendo. Como compreender o que estamos vivendo? A sociedade em midiatização é apenas um estágio a mais no processo de desenvolvimento tecnológico da sociedade? Por que Teilhard, McLuhan, Rosnay e outros tantos não foram levados em conta? Cremos que a midiatização da sociedade não é apenas uma sofisticação dos processos comunicacionais. Pelo contrário, nesse quadrante de sua história a humanidade experimenta a constituição de uma nova ambiência, a qual, quando completada, configurará algo totalmente distinto do que até agora se viveu. É um salto quântico, um aventurar-se numa dobra do hiperespaço. Essa nova ambiência estabelece, para os seres humanos, um novo modo de ser no mundo (assumindo e trazendo para hoje a formulação de Martin Heidegger).

A nova forma de ser no mundo pode ser entendida como um projeto de unidade. Tal é o foco principal desta obra ao propor a compreensão de uma unificação social como os nós de uma rede que, na soma das totalidades, constitui um todo interligado e coerente. Entende-se, no entanto, que o todo exige a individualidade de cada nó e de cada vazio. Sem o singular não existe o plural; sem a interligação não se constitui o conjunto. Isto é, se

---

[7] Dentro do Programa de Pós-Graduação em Ciências da Comunicação, na linha de pesquisa *Midiatização e Processos Sociais*.

não partir da compreensão da unidade – de que o Uno está no todo e o todo está no Uno –, um estudo relativo à midiatização torna-se fragmentado, portanto incapaz de compreensão da sua real significância. Entretanto, como a humanidade ainda está em fase de constituição desse novo processo, devemos perguntar: a sociedade em midiatização é saudade de um mundo que já foi ou é esperança de uma realidade que virá? Uma resposta plausível é que pode ser as duas coisas.

Não obstante, na contemplação da evolução tecnológica não se pode olhar para essa entrada em uma nova ambiência apenas com otimismo. As tecnologias midiáticas, ao passo que possibilitam maior interação social entre indivíduos, também podem entranhar um descolamento de questões politicamente fundamentais através dos conteúdos que transmitem e dos processos a que dão origem. Isso leva a manter sempre presente a ideia de que todo progresso deve ser criticamente analisado a fim de poder ser ativamente acompanhado. Muito embora as evoluções tecnológicas já estejam presentes quando no mundo chegamos, também é verdade que elas são frutos da ação humana. Essa afirmação não nos coloca em oposição ao desenvolvimento da técnica, mas sublinha o imperativo de o ser humano ser agente, e não paciente, da história. A dimensão ética do tema em questão não pode ser deixada de lado, a exemplo dos pensadores consultados, os quais sempre problematizavam a ação do indivíduo diante dos novos rumos da sociedade.

É por meio dessa ética que poderemos fazer a ligação dos primeiros teóricos visitados com os teóricos da unidade: Platão, Plotino, Santo Agostinho, pensadores medievais e Nicolau de Cusa. Contudo, ao estabelecer essa relação devemos ser sabedores de que a unidade do Uno com o Múltiplo que esses pensadores sustentavam em suas teorias – todos eles sob a influência platônica da "teoria da participação" –, no que tangia ao ser humano, se dava a partir do ato de contemplação. Isso coloca a questão da unidade numa dimensão distinta de uma prática social, como a unidade que se vem desenhando atualmente, exalada pelos teóricos da contemporaneidade anteriormente citados.

O relacionamento da atual sociedade em rede com a unidade cósmica dos clássicos pode nos levar a questionar como esta rede potencializa o aperfeiçoamento racional. O problema que entranha a questão tecnológica, sua possível modificação do ser humano, está mais ligado à sua própria existência do que ao uso e aos conteúdos que possa transmitir. Midiatização da sociedade é, no nosso entender, mais do que uma sociedade de meios. Isso leva, outra vez, à ação do indivíduo diante da história. Pois, se as novas tecnologias midiáticas forem predominantemente exaltadas por ideais de progresso tecnológico, servindo apenas como mais um meio de comunicação para a massa, possibilitando tão somente maior interação, e não maior integração, então elas não trarão mais unidade, segundo o conceito antigo. Mas se os indivíduos estiverem presentes, ativamente, em todas as esferas culturais, na construção e no uso dessas tecnologias, então talvez nossos antigos sábios as exaltariam.

Os meios de comunicação são dispositivos tecnológicos e necessariamente devem ser pensados como parte de um todo maior: a sociedade em seu sistema. Eles não devem ser encarados como órgãos motores de uma unidade planetária. O que expressam, tomando por base o pensamento chardiniano, é a parte tecnológica que evidencia a continuação do processo de evolução do mundo. O salto qualitativo, a mudança de ambiência, pode ser relativo à mudança de paradigma pensada por Joël de Rosnay.[8]

Para buscar responder à inquietação, o caminho foi fazer uma releitura dos clássicos que pensaram a questão da unidade

---

[8] Cf. ROSNAY, Joël de. Un cambio de era. In: RAMONET, Ignacio. *La post-televisión*. Multimedia, internet y globalización económica. Madrid: Icaria, 2002. p. 17-32.

na história. Olhando o pensamento dos clássicos da unidade, vimos que uma corrente expressiva de filósofos compreendeu o desenvolvimento da história num fluxo e refluxo: concentração no Uno, emanação ao múltiplo que volta ao Uno. De uma maneira ou de outra, todos compreenderam a sociedade a partir do conceito de unidade. Nesse sentido, quando olhamos o processo, dizemos que vivemos a saudade de uma unidade perdida. Ao falar de retribalização, McLuhan parte do princípio de que houve uma tribalização no início da vida humana gregária. Por outro lado, a constituição da retribalização não é uma volta idílica ao passado puro, mas uma retomada em outros patamares mais complexos e sistêmicos.

Para entender melhor esse fenômeno, aceitamos aqui os desafios apontados pelos pensadores contemporâneos da complexidade e da sistematicidade. Ganham força, nesse momento, os pensadores Maturana, Varela, Luhmann[9] e Castells, cuja abordagem social permite que se avance mais na compreensão de uma sociedade em midiatização para além dos dispositivos que aparecem. A complexidade incita a mergulhar no tecido social e buscar os fundamentos do *iceberg*, cuja ponta nós apenas vislumbramos nesse início de terceiro milênio.

O que esses pensadores nos dizem é que é possível aproximar-se da realidade com outros olhos, mais sistêmicos, tomando distância e percebendo a rede inconsútil que envolve o globo terrestre. Malha que aponta para além-vida, para a noosfera, constituindo um cérebro único, pensante e globalizante.

Sintetizando e retomando os pensadores que nos acompanharam no processo, pode-se perceber que o mundo superior, o mundo suprassensível, sempre vem à tona quando os filósofos

---

[9] Uma das obras de Luhmann sobre comunicação é *A realidade dos meios de comunicação* (São Paulo: Paulus, 2005). Vale destaque o prefácio à edição brasileira, escrito pelo tradutor da obra, Ciro Marcondes Filho. Nele, o pensador da USP já aventa ideias que desenvolverá na sua obra sobre cibercultura.

antigos tratam da unidade. Hoje, não é possível falar de unidade sem uma fundamentação metafísica e, mesmo que haja tal fundamentação em qualquer doutrina, ela não é a única maneira de refletir sobre a unidade. Percebe-se que todos os filósofos trabalhados aqui, ao tratarem da unidade, remetem à metafísica.

Atualmente, são visíveis e inegáveis os efeitos da globalização, da midiatização, processos que potencializam as relações entre entidades, encurtando distâncias, homogeneizando massas etc. Mesmo Teilhard de Chardin, um filósofo cristão que apresenta uma metafísica original, concebe a unidade não apenas a partir do Uno, mas também a partir dos fenômenos de complexificação da matéria, compressão das massas humanas, globalização etc. Isso nos mostra que o tempo que decorreu desde nossos primeiros filósofos até os dias de hoje possibilitou que a unidade do cosmos pudesse agora ser pensada sob outros ângulos, como fez Chardin.

Entretanto, na consideração da realidade atual, não é prudente confundir a unidade cósmica, dos filósofos antigos, com a globalização ou a midiatização, por exemplo. A primeira, quando então pensada, englobava tudo o que há no mundo, enquanto essas novas configurações sociais, quando pensadas por teóricos das ciências sociais, possibilitam, aparentemente, apenas uma unidade entre os seres da espécie humana. Por isso o pensamento de Teilhard de Chardin é tão importante. Justamente por manter esse vínculo com o pensamento antigo, da unidade cósmica, e, ao mesmo tempo, abranger as novas formas de socialização do mundo contemporâneo. Sua teoria pode iluminar a conciliação da globalização e da midiatização, essas formas de conexão provindas da técnica humana, com um plano de unidade maior, cosmológico e, posteriormente, metafísico.

Chardin não entra no campo da epistemologia, apenas no da *physis* e da *metaphysis*. Desse modo, está mais vinculado aos filósofos antigos do que aos da complexidade. Todavia, vale deixar claro que ele representa, para nós, o eixo de ligação entre os filósofos antigos e os pensadores da comunicação – Castells e McLuhan –, sendo que todos eles se abstêm de investigações no campo da epistemologia. Morin, Maturana, Varela e Luhmann, porém, através de suas teses, se enquadram em ambos os campos considerados: o da *physis-metaphysis* e o da epistemologia. Morin por crer que uma abordagem complexa vai ao encontro das novas descobertas da física quântica (leis de entropia, caos *versus* ordem). Maturana e Varela por terem formulado o princípio da autopoiese na biologia, tão importante para a teoria dos sistemas sociais de Luhmann e para o pensamento complexo de Morin, embora a descoberta dos biólogos chilenos tenha sido estritamente no campo da biologia. E Luhmann por ter, assim como Morin, compreendido a necessidade de uma abordagem sistêmica, semelhante a uma abordagem complexa, por acreditar que nossa sociedade se constitui de sistemas.

Neste esforço de síntese podemos sugerir que Chardin é a síntese do campo da *physis-metaphysis*, pois liga as teorias metafísicas da unidade às teorias atuais da comunicação, que compreendem a midiatização como um fenômeno globalizante. O bloco de teóricos da complexidade estudado, por sua vez, representa a síntese entre os dois tipos de unidade considerados aqui: unidade da *physis* e unidade epistemológica.

Levando em consideração que perseguimos um longo percurso na história do pensamento da unidade e que este foi estudado sob dois aspectos, o epistemológico e o metafísico, pode-se concluir que encontramos, em Chardin, a síntese dessa viagem histórica e, nos pensadores da complexidade, a síntese dos dois aspectos da unidade.

Nesse sentido, a questão – saudade ou esperança? – ganha a perspectiva de projeto utópico e de construção de uma ambiência unificada, uma tela inconsútil, uma rede planetária de uma sociedade em midiatização. É o que buscaremos mostrar ao longo desta obra.

I
Midiatização da sociedade ou sociedade em midiatização?

Este título, escolhido para organizar os resultados dos trabalhos realizados durante cinco anos, no âmbito do Programa de Pós-Graduação em Ciência da Comunicação da Unisinos, merece e exige uma explicação. Ele está diretamente ligado ao percurso trilhado nos trabalhos encetados desde que começamos a nos perguntar sobre a relação da mídia com a religião e, na sequência, sobre a relação mídia e sociedade há quase duas décadas. Ousaríamos dizer que desde muito antes.

Foi com base nesses trabalhos que adotamos o conceito de unidade como orientação para o desenvolvimento de tais problemáticas e busca de respostas a tais indagações. Ou melhor, adotamos a perspectiva – como veremos adiante – de que estamos vivendo um momento crucial da história, que nos coloca diante da unificação social como um ideal para onde flui e conflui a humanidade. Em função dessa preocupação, surge a dúvida: a realidade atual expressa uma condição de sociedade midiatizada ou de uma sociedade em processo de midiatização?

A trajetória da sociedade das mídias à sociedade em midiatização é um processo lento e gradual que se desenvolve em dois eixos profundamente interligados e que guardam entre si a mesma força motriz: a busca do ser humano por melhorar sua condição de vida individual e social, que promove uma permanente evolução tecnológica, desde as mais rudimentares técnicas do período de vida gregária até as fantásticas tecnologias da atualidade. De um lado, temos o eixo do tempo que nos insere na perspectiva de uma evolução cronológica que vai dos primórdios da consciência e chega aos dias atuais. Trata-se, portanto, de uma evolução da ordem do filo. O segundo eixo situa-se na dimensão qualitativa, de complexidade cada vez mais crescente nas relações, inter-relações e interconexões humanas. Trata-se, então, de uma evolução da ordem da comunicação – ou da cultura, como preferem alguns. É a bissetriz de ambos que espelha a flecha simbólica da evolução humana, como se pode ver neste gráfico:

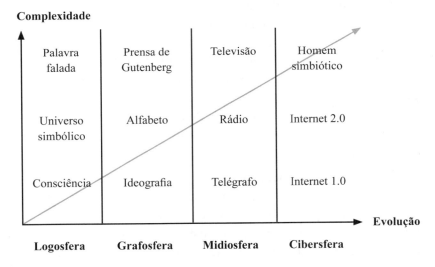

Sobre a questão, Joël de Rosnay[1] afirma que estamos prestes a viver uma mudança de paradigma, que nos impõe grandes desafios:

> Penso que essa mudança de paradigma e essa transição entre a sociedade industrial e a sociedade informacional são a causa de alguns dos grandes problemas que temos hoje, tanto sociológicos quanto socioeconômicos,

---

[1] ROSNAY, Joël de. Un cambio de era. In: RAMONET, Ignacio. *La post-televisión*. Multimedia, internet y globalización económica. Madrid: Icaria, 2002. p. 17-32.

políticos ou culturais. Diante dessas mudanças, devem-se fazer três coisas. Em primeiro lugar, entender; em segundo, experimentar; e em terceiro, aprender (p. 31).

Para o autor, essa não é apenas uma revolução tecnológica, e que, como tal, trata simplesmente de entender cada nova tecnologia como se fosse mais uma que se soma às outras. Em lugar de lógica e tempos de substituição, estamos falando de lógicas de integração que abrem novos espaços. Há um desenvolvimento que vai da logosfera (linguagem, limitada pelo espaço e tempo), passa pela grafosfera (escritura, não limitada nem pelo espaço nem pelo tempo) e pela midiosfera, e chega até a ciberesfera das comunicações eletrônicas. Esse fato exige a invenção de novas relações compatíveis, do contrário outros conquistarão esse novo espaço, substituindo-nos. Por isso, essas novas ferramentas devem ser entendidas e compreendidas (cf. 2002, p. 31).

Rosnay, portanto, aponta uma evolução na linha do tempo que vai do surgimento da logosfera até a ciberesfera, passando pela grafosfera e pela midiosfera, e que a cada estágio correspondem complexidades específicas no processo de inter-relação social.

O primeiro estágio evolutivo do ser humano aconteceu com o brotar da consciência, caracterizado pela logosfera. O desenvolvimento do universo simbólico chega ao seu ápice com a palavra falada, consequência do gregarismo e da necessidade de se reagrupar e se defender dos embates com a natureza. É a fase da oralidade e a consolidação da aldeia. Emerge aí o poder dos anciãos como guardiães das tradições e educadores das novas gerações. Competia a essa classe a responsabilidade de transmitir o conhecimento aos jovens, por meio da narração das conquistas, dos mitos e das histórias primordiais da tribo. Esse período é conhecido como o da tribalização do conhecimento, ou do conhecimento tribalizado.

Esse processo sofreu uma transformação substancial com a invenção da escrita. Essa fase começou com os ideogramas, com os sinais sagrados. Nesse momento ainda havia a concentração do poder e a dissociação entre olho e ouvido não alcançara o seu ponto mais extremo. Foi com a invenção do alfabeto que o olho se tornou independente, fazendo surgir uma fragmentação dos sentidos, que vai abrir caminho para a destribalização do conhecimento, ou para o conhecimento além da tribo, que se consolidará muitos séculos depois.

Com o alfabeto rompeu-se o poder dos anciãos, pois a memória da tribo podia, agora, ser armazenada e interpretada por outros. Ocorre aqui uma pluralização das tribos, com a incorporação de novos espaços de convivência e, portanto, de novas fontes do saber, como a religião e a comunidade rural, ao lado da família. Cabe destacar que, ao mesmo tempo que significava um avanço qualitativo nas relações sociais, o alfabeto introduziu a categoria do analfabeto.

O auge da grafosfera aconteceu com a invenção dos tipos móveis, por Gutenberg, no século XV. Houve o desenvolvimento das línguas nacionais, com a quebra do monopólio do latim, e o surgimento dos estados independentes. A destribalização do conhecimento atinge o seu ápice. A empatia, elemento cognitivo acionado pelo processo de absorção do conhecimento no período da tribalização, agora cede espaço para a razão, que vai ganhar autonomia e levar ao surgimento da modernidade. Começa a ruir a hegemonia do conhecimento tribal, alicerçado na tradição, para dar espaço a novos conhecimentos, sedimentados nos processos racionais propiciados pela leitura dos meios impressos, agora possível de individualização, e outras tecnologias da comunicação, incluindo aqui as grandes navegações e os dinâmicos (para a época) meios de transporte, que vão levar a profundas transformações no mundo. Como um dos ápices da evolução desse período de racionalidade efervescente vale citar a Revolução Francesa e suas insígnias: liberdade, igualdade, fraternidade.

Um terceiro estágio evolutivo representou uma volta à tribo: a midiosfera. É o período que McLuhan classifica como o da *retribalização*. Mas não se trata de um simples retorno às tribos do passado e sim do desenvolvimento de novas tribos, agora não mais fisicamente presenciais, mas tecnologicamente mediadas. A imagem presencial das tribos é substituída pela imagem representativa das mesmas e de incontáveis outras tribos que vão surgindo no processo de midiatização do conhecimento. A imagem presencial dá espaço à imagem referencial. A razão cede espaço para o retorno da empatia e dos processos emocionais, mas agora midiatizados.

Isso começa a ocorrer a partir do século XIX, quando a eletricidade proporciona o desenvolvimento dos meios elétricos e, depois, eletrônicos de comunicação: telégrafo, fotografia, cinema, rádio e televisão. Esta última levou ao extremo o processo de retribalização do conhecimento. Criou-se uma comunidade verbo-oral. A TV traz a linguagem da evidência, por meio da referencialidade e do simulacro. É uma linguagem que aciona primeiro os processos cognitivos empáticos e emocionais para, com eles, acionar a razão.

Até aqui se configura o que podemos chamar de sociedade dos meios. Depois da quebra do paradigma da oralidade com a invenção da escrita, a humanidade foi aperfeiçoando e sofisticando seus dispositivos comunicacionais num nível de complexidade crescente. O desenvolvimento da técnica esteve e está umbilicalmente unido à especialização dos meios de comunicação.

Denota-se, portanto, que essa volta à tribo, a retribalização de McLuhan, estrutura-se em bases totalmente distintas. Não a um retorno idílico ao passado oral, mas a uma dimensão de aldeia global: uma *glo(tri)balização*, neologismo com o qual pretendemos significar uma dimensão global do processo de retribalização. É a síntese de algo novo com elementos do passado.

Entretanto, tal como aconteceu, em determinado momento, com a passagem da oralidade à grafia, agora vivemos outra profunda passagem de época, marcada ainda pela descoberta da eletricidade, ela sim a grande força da modernidade. É dela que derivam as demais. É ela que rompe com o tempo e o espaço, abolindo a separação entre dia e noite, dentro e fora, longe e perto. Com isso, aquilo que parecia ser mais um elemento de complexificação da tecnologia existente, um degrau a mais a ser galgado no plano do desenvolvimento das tecnologias de comunicação, produziu consequências radicais no modo de ser e estar no mundo.

Na realidade, cada nova tecnologia sempre introduz mudanças no modo de ser da sociedade e, portanto, dos indivíduos. O que muda profundamente é que antes eram transformações mais lentas, que levavam séculos ou até milênios para se configurarem. Agora, além de serem transformações em escala muito maior, ocorrem em uma margem de tempo infinitamente menor, fazendo com que, hoje, as novas tecnologias já nasçam velhas.

Foi assim que chegamos ao quarto estágio vivido pela humanidade, o das comunicações digitais, a ciberesfera. Se no estágio anterior – que podemos chamar de primeira fase das tecnologias eletrônicas – o mundo era trazido a mim, entrava em minha casa, em meu local de trabalho, fazia parte do meu cotidiano, agora sou eu que viajo o mundo, que o provoco, que o aciono, que pairo em uma "nuvem" e posso ser "baixado" em qualquer parte do planeta, numa potencial interação permanente minha com todos e de todos comigo. O espaço-tempo foi suprimido, ou melhor, remodelado.

Na realidade, mais do que a incorporação de uma nova ação mecânica na vida social, as comunicações digitais criaram um novo ambiente, impondo ao homem um novo modo de ser. Portanto, o que surge nesse e desse ambiente novo é um novo homem.

Por isso, é preciso entender que esse quarto estágio não é apenas um passo a mais no processo de evolução. A ciberesfera representa um salto qualitativo, com tanta ou maior força de rompimento quanto foi a invenção da escrita. Hoje acontece o que se poderia nomear de salto quântico no processo de evolução social. Contudo, esse salto acontece silenciosamente e vai transformando a existência da humanidade. Da Internet 1.0, passando pela Internet 2.0 e a 3.0 – e outras mais que virão – estamos observando, lentamente, a configuração de um homem simbiótico, na feliz expressão de Joël de Rosnay.[2]

Essa evolução será trabalhada ao longo do presente texto a partir de diversos autores contemporâneos e outros que marcaram o século XX, como Teilhard de Chardin e McLuhan.

Entretanto, antes de aprofundar o projeto e suas conclusões, é importante refletir sobre a questão metodológica na pesquisa. Nessa reflexão, recuperamos a trajetória realizada desde os primeiros passos no exame do problema, passando pelos desafios fenomenológicos e buscando, em alguns clássicos, luzes para a compreensão do desafiador momento ora vivido.

---

[2]   ROSNAY, Joël de. *Homem simbiótico*. Perspectivas para o terceiro milênio. Petrópolis: Vozes, 1997.

I I

Fenomenologia da midiatização

A metodologia nos processos midiáticos

Quando decidimos um objeto de estudo, temos em geral uma ideia do que se pode tirar dele. O objeto nos comunica alguma coisa, mesmo que seja bastante superficial. No entanto, as visões sobre determinados objetos podem variar de um método para outro. Apesar de o objeto dizer alguma coisa, o método é a leitura que se faz desse objeto, estando intrinsecamente ligado a qualquer resultado da pesquisa.

Na questão do método e sua relação com o objeto, a posição de Emerich Coreth ganha relevância e se mantém atual, embora dita há cinco décadas. Para ele, é essencial a toda ciência que se desenvolva metodicamente e esteja certa na correção do seu método. Isso posto, o resultado do conhecimento científico fica mediado pelo método. Um método inicial falso, se não está adaptado à matéria, afasta o pesquisador da própria realidade e induz ao erro. De outro lado, um método acertado e adaptado ao objeto é o caminho que permite aceder ao núcleo da questão, à sua própria peculiaridade (cf. CORETH, 1964, p. 43).

Claro que, nessa perspectiva, o ponto crucial reside na determinação do método, a partir do conhecimento do objeto. Por isso, Coreth é mais preciso:

O método de uma ciência não pode ser determinado de uma maneira formal e abstrata independentemente de seu conteúdo. Pelo contrário, deve proceder do conteúdo e se legitima em razão do conteúdo. Deve justificar-se como método apropriado à matéria de que se trata partindo do objeto (1964, p. 45-46).

Os problemas com métodos e objetos acabam se tornando complicados, principalmente quando tentamos achar um método uno para qualquer objeto. Como propõe Popper, que tenta aplicar os critérios de falseabilidade a qualquer teoria independente de sua área, tanto no estudo sobre o átomo como sobre a psicanálise, o método de verificação de falseabilidade seria o mesmo. Popper descartava a psicanálise como uma teoria válida, pois ela não teria como comprovar, com objetividade científica, seus pressupostos (GAETA et al., 2007, p. 23).

Partindo para as ciências sociais, temos um novo bloco de problemas para pensar. Seria possível utilizar o mesmo método nas ciências naturais e nas ciências sociais? Segundo os empiristas lógicos, isso é possível. Eles defendiam uma especulação no campo das ciências sociais igual ao das ciências naturais. Ou seja, aplicar empiricamente as teorias sociais para poder, a partir dos resultados, fazer uma comprovação científica. Essa ideia mostra a tentativa de seguir um método único para qualquer objeto (GAETA et al., 2007, p. 21).

Entretanto, embora saibamos que as tentativas de aplicação de uma verificação das teorias de forma padrão visam à eliminação de erros, é importante ter claro que, mudando o objeto, deve haver também uma mudança de método, visto que o objeto nos dá algumas indicações de como trabalhar com ele. Dentro da psicanálise, por exemplo, não se pode utilizar o mesmo método da química, uma vez que o objeto de um é diferente do outro. Afinal, o objeto de estudo da psicanálise ou das ciências sociais reflete sobre os seres humanos. Logo, para o estudo dessas áreas é necessário ter um conceito (ou um esboço disso) sobre o que seria o ser humano.

Mesmo internamente numa determinada ciência exige-se a busca de diferentes métodos. Isto é, o objeto da psicanálise é o ser humano, mas, na medida em que ela se desenvolve, cria-se uma teoria própria (ou diversas teorias) sobre o que é o homem, a mulher. Ou seja, a psicanálise tem um método para esse objeto, assim como a psicologia poderá ter outro mais coerente com a sua proposta de análise.

Focando nas ciências sociais, essa problemática metodológica já rendeu muitas discussões. Existem correntes que defendem um monismo metodológico, as quais, assim como os empiristas lógicos, pensam ser o método científico apenas um, e é necessário usar esse método para qualquer pesquisa com pretensões científicas. O monismo critica as ciências sociais por sua multiplicidade metodológica, sem chegar a um acordo sobre um método adequado e que forneça dados corretos.

Existem, ainda, outras visões sobre essa questão metodológica nas ciências sociais. Alguns teóricos adotam uma atitude de conformismo com essa polifonia das ciências sociais, afirmando que o termo ciência, quando aplicado à área, adquire outra conotação, divergente das ciências naturais, não sendo adequado perguntar sobre sua aplicabilidade empírica. Todavia, essa forma de pensar as ciências sociais, com um pluralismo metodológico, é semelhante à concepção científica de Kuhn. Em suas primeiras obras, ele acaba questionando a veracidade científica (GAETA et al., 2007, p. 39-40), mostrando haver aspectos variados que determinam a ciência, como questões sociais, psicológicas e até mesmo religiosas. Chega, assim, a aproximar a ciência aos experimentos psicológicos da Gestalt, que, apresentando várias imagens abstratas para diversas pessoas, cada uma vê algo diferente, e até divergente. Assim, os objetos da ciência seriam vistos de forma diferente de um paradigma para outro. Existe, em Kuhn, uma mutação de métodos dentro da ciência.

A problemática metodológica, desse modo, é algo que afeta todas as áreas, principalmente as humanas. Pois o objeto delas, como vimos, é diferente do objeto das ciências naturais. De qualquer forma, as ciências sociais apresentam outra forma científica, com métodos não tão rígidos quanto às ciências naturais. Contudo, não deixam de ser ciências, embora com uma conotação que as difere das demais. Nas ciências sociais o objeto não pode passar por testes que podem ser calculados com fórmulas matemáticas ou previsões físicas. O objeto das ciências sociais é o homem em grupo, talvez devendo até mesmo relativizar essa definição de objeto. O cientista social é uma subjetividade estudando outras subjetividades, com todas as problemáticas e dificuldades que isso acarreta.

É nessa perspectiva que surge com muita força a discussão sobre o estatuto da comunicação como ciência. Este texto, na sua provisoriedade, busca fazer a reflexão sobre a questão da metodologia a ser utilizada na pesquisa sobre os processos midiáticos. Afirmamos que o texto é provisório porque o caminho não está dado, antes necessita ser construído a partir do objeto que se encontrar no percurso.

Retomando o que se afirmou anteriormente, na tradição da pesquisa, a partir da diferenciação ocorrida no final do século XIX e nas primeiras décadas do século XX, começou-se a considerar que havia as ciências duras e as ciências sociais. Até então falava-se em "ciências do espírito e ciências morais".

Tendo em conta que, no início, a filosofia estava na base de tudo, o estatuto científico de cada campo estruturou-se de maneira peculiar. Aceita-se que algumas teorias sejam científicas e outras, filosóficas. As assim chamadas ciências sociais, em contraste com as ciências duras, viram-se na obrigação de fundamentar a sua condição de ciências.

Dentro das especulações científicas, as ciências sociais se encontram numa posição delicada. Seu estatuto se opõe às ciências naturais, assumindo, assim, outra roupagem científica, às vezes até não considerada ciência. "Alguns autores [...] sustentaram que a falência das investigações sociais se deve à falta de aplicação de um método realmente científico para levá-las a cabo" (GAETA et al., 2007, p. 37). O método exigido não é outro senão o utilizado pelas ciências naturais. Esses autores perfilam-se no que se pode chamar de monismo metodológico, pois postulam a existência de um único "método geral de investigação para todas as ciências fáticas, aplicado tanto ao estudo dos fenômenos naturais quanto aos sociais" (GAETA et al., 2007, p. 38).

Quando se estuda um fenômeno social, focaliza-se a atenção para determinado grupo, como uma classe social, uma tribo, uma comunidade, uma sociedade ou, talvez, um conjunto de significações. Entretanto, uma questão simples, mas profunda, surge quando se estuda esse objeto chamado sociedade. Além das perguntas sobre um método adequado para estudar os fenômenos sociais, indaga-se: afinal, o que é um fenômeno social? É simplesmente um conjunto de indivíduos compactuando simultaneamente? Ou o agrupamento dos seres humanos cria uma unidade, uma entidade?

Mas o que se espera de uma ciência que estuda algo tão comum, diário e complexo como os processos sociais? Essas e outras questões acabam surgindo quando nos debruçamos com um olhar *científico* sobre os fenômenos estudados pelas ciências sociais. Elas abrangem uma grande área de especulação intelectual, que vai da psicologia social até a geografia, a história, passando pela comunicação social. Essas questões levantam vários debates dentro das próprias ciências sociais, gerando uma multiplicidade de posicionamentos a esse respeito.

Para dar conta dessas questões surgem duas posturas dentro das ciências sociais. Uma corrente pensa ser o conjunto um resultado da vontade de várias subjetividades distintas, valorizando, assim, a vontade dos indivíduos acima dos grupos sociais. Outra corrente pensa ser esse aglomerado algo diferente dos indivíduos. Defende que o conjunto social constitui uma autonomia, cria uma direção própria. Essa é a posição que opõe holistas e individualistas. Para estes, "os fatos sociais são um agregado formado pelas ações, atitudes e demais circunstâncias correspondentes às pessoas que tomam parte neles" (GAETA et al., 2007, p. 40). Isto é, somente os indivíduos e suas condutas são reais. Os grupos, instituições ou ações coletivas são uma espécie de ficção, mesmo que útil para expressar e organizar o nosso conhecimento. "Os partidários do holismo, ao contrário, enfatizam o papel das entidades coletivas: um exército ou uma batalha não são meros agregados artificiais. Pode-se dizer que são reais; e constituem o tipo de objeto que deve reconhecer o cientista social" (GAETA et al., 2007, p. 41).

Para os individualistas, portanto, objeto é um conjunto de particularidades reunidas, isto é, a vontade dos particulares determina as ações do conjunto. Já os holistas veem no conjunto algo que transcende aos indivíduos particulares, criando um movimento de grupo distinto, e que, ao se tratar dos fenômenos sociais, uma mera observação de atitudes práticas não corresponde ao todo. São, portanto, dois métodos para se contemplar o mesmo objeto. Essa discussão entre os holistas e os individualistas não teve um fechamento. Dentre muitos sociólogos se encontram defensores dos dois lados (GAETA et al., 2007, p. 41-42).

No entanto, o estilhaçamento do conjunto macrossocial em fenômenos microssociais criaria um fracionamento das conclusões teóricas. Sendo o conjunto social complicado e sistêmico, é impossível ser percebido por um estudo das "molecularidades" da sociedade. Para os holistas, é necessário observar o todo para poder compreender o fenômeno social na sua totalidade.

A discussão parece deslocar-se do campo científico para o campo filosófico, numa dimensão *ontológica*. Existe, contudo, a suposição de que as discussões científicas podem ser solucionadas de outra maneira, pois,

> no âmbito das ciências sociais, a discussão entre individualistas e holistas transcende os aspectos puramente filosóficos e se projeta como uma questão fundamental para o estabelecimento do método investigativo. Nesse caso, a decisão que se adotar determinará, por exemplo, o tipo de leis e a classe de explicações que serão aceitas como válidas (GAETA et al., 2007, p. 41-42).

Isso implica que o individualista vinculará as explicações a partir de condutas individuais e observáveis. Essa decomposição dos macrofenômenos foi extremamente proveitosa, como demonstra a história das ciências. Todavia, isso não exclui que, em certas situações, esse tipo de redução não atinja seus objetivos e as "propriedades dos macrofenômenos careçam de uma explicação em termos de seus microcomponentes" (GAETA et al., 2007, p. 42). Uma dessas situações é constituída pela sociedade em midiatização contemporânea. Aqui se perfilam os holistas na sua abordagem científica dos fenômenos sociais. Eles

> assinalam, precisamente, a emergência dos fenômenos sociais com respeito aos indivíduos e suas ações singulares. O conceito de emergência alude [...] ao surgimento de um estrato da realidade, de um nível de fatos em certa medida autônomos, regido por seu próprio modo de funcionamento, que não se poderia deduzir do conhecimento de seus componentes (GAETA et al., 2007, p. 42).

Nesse comedido, para poder dialogar com o mundo científico as ciências sociais encetaram a tarefa de precisar seu objeto de estudo e a metodologia adequada para abordá-lo. No processo, enfatizaram o caráter de ciência do seu campo, ao lado da distinção diante das ciências duras. Um refinamento no segmento das ciências sociais trouxe à baila a diferenciação entre ciências humanas e ciências sociais aplicadas.

A comunicação, tanto pelos critérios da Coordenação de Aperfeiçoamento de Pessoal de Nível Superior (Capes) quanto do Conselho Nacional de Desenvolvimento Científico e Tecnológico (CNPq), ocupou e ocupa o seu espaço entre as ciências sociais aplicadas. É nesse segmento específico que os pesquisadores da comunicação encontram guarida e suporte para as suas reflexões e pesquisas.

Entretanto, o trabalho desses pesquisadores, com mais de cinquenta anos de atuação no Brasil, padece de ambiguidades. Afinal, o que distingue as pesquisas e os projetos oriundos dos diversos Programas de Pós-Graduação em Comunicação no Brasil?

Os veículos de comunicação também podem ser analisados desde o seu estatuto e natureza tecnológica. Mas qual a diferença entre essas análises e aquelas que são realizadas na área da informática quando se fala de Tecnologias da Informação e Comunicação?

Para não caírem na armadilha do dispositivo tecnológico, as investigações se voltam para os conteúdos dos produtos veiculados, detectando os vieses ideológicos e manipuladores. Mas qual a especificidade afirmada diante da educação, da história, da sociologia, da política e da economia, por exemplo? Pode-se argumentar que o que determina o diferencial é o enfoque. Qual é, entretanto, o enfoque peculiar da comunicação?

Outros enveredam pelo caminho do gênero e das áreas. Nesse caso, como tratar questões como a do *marketing* e da propaganda reivindicadas pela administração e pela política?

Um terceiro caminho, para além do conteúdo, direciona-se para a estrutura do texto, com ênfase nos aspectos semióticos e semiológicos, além da pragmática. O que o distingue dos trabalhos realizados nas Letras e na Linguística?

Como se pode notar, o trabalho e a pesquisa na área da comunicação não são uma empreitada fácil. Necessário se faz mergulhar nos subterrâneos do que acontece na sociedade contemporânea para encontrar a justificativa e a identidade das ciências da comunicação, como são chamadas habitualmente.

Diante da flagrante dificuldade, muitas vezes optamos pelo caminho mais fácil, apropriando-nos de teorias, autores e métodos advindos de outras ciências sociais aplicadas, mais estruturadas e com mais tradição de pesquisa e elaboração teórica. Em muitos casos esses elementos são assumidos sem a devida acribia, acarretando uma defasem epistemológica que compromete o trabalho e impede o correto conhecimento do objeto em estudo. É o caminho curto que se torna longo e leva a objetivos não desejados, impedindo a compreensão do fenômeno em questão.

A distinção entre holistas e individualistas pode trazer luz para a discussão. No caso concreto em que nos debatemos, é inegável a contribuição que a consideração dos aspectos individuais trouxe para a compreensão da comunicação. A análise dos diversos meios de comunicação como dispositivos tecnológicos inscreve-se no âmbito da visão dos individualistas, na contemplação dos microfenômenos. Tal como na história das ciências naturais, é indiscutível a sua importância na pesquisa sobre comunicação desenvolvida no país. A história da pesquisa na área demonstra à saciedade essa realidade. Na literatura das pesquisas, abundam obras que se dedicam ao estudo do jornalismo, do rádio e da televisão e, agora, da Internet em suas variadas dimensões.

Observa-se aqui a tentativa, válida, e muitas vezes exitosa, de interpretar a comunicação a partir de seus elementos individuais.

No caso da midiatização, considera-se que ela é um agregado formado pelas ações, atitudes ligadas às pessoas e veículos particulares. Os veículos e os profissionais é que são reais. Os grupos, as instituições e ambientes coletivos são uma espécie de ficção. Estamos no âmbito dos microfenômenos, na perspectiva individualista.

Não obstante, existem hoje aspectos e dimensões que se mostram impermeáveis a esse tipo de abordagem. Somos de opinião que, nesse caso, a postura holística parece ser a mais conveniente e adequada, pois a dimensão dos processos midiáticos transcende os fatos individuais, os microfenômenos, e aponta para os aspectos coletivos, os macrofenômenos, a construção social coletiva a partir do processo de uma sociedade em midiatização.

O desafio maior proposto na discussão sobre a dimensão científica das pesquisas em comunicação é determinar o seu objeto, ao lado do tipo de leis e a classe de explicações que serão aceitas como válidas no âmbito científico.

Enquanto não definir, explicitar ou desvelar o objeto da comunicação, o pesquisador ficará tateando e fazendo experimentos metodológicos, sem lograr penetrar na sua essência. É preciso encontrar uma forma de romper *o casco da tartaruga comunicacional* para, de um lado, dar sentido à pesquisa em comunicação e, de outro, contribuir para o equacionamento do enigma proposto pela realidade social: como abordar o processo midiático, elevado hoje à enésima potência?

O objeto da comunicação, no entanto, é arredio e fugaz. Para encontrá-lo, faz-se imperioso educar os olhos para ver além das aparências e se concentrar na busca sistêmica do todo. Convém considerar as partes sem vê-las, para surpreender o *fogo-fátuo* da comunicação. Unicamente desse modo o pesquisador encontrará o seu objeto no brilho fugaz dos processos. Os processos midiáticos, com suas relações, conexões, interconexões e inter-relações, exigem que se olhe sem ver, transcendendo a limitação do particular para perceber a interconexão do universal. Trata-se de ultrapassar os entes para encontrar o ser. Muito embora os dispositivos particulares imponham-se com seu brilho ao olhar do pesquisador, é a humildade do processo que permite o desentranhamento do objeto da comunicação e o descobrimento do método adequado para com ele dialogar. Portanto, o objeto precede ao método.

Enquanto o objeto da pesquisa foi constituído pelos microfenômenos, isto é, os meios de comunicação e seus personagens, o método não significou maiores problemas. Pagando pedágio para as ciências naturais, predominaram os estudos quantitativos, com hipóteses e experimentações. Mesmo o avanço proposto pelas pesquisas qualitativas, com os grupos focais, histórias de vida, etnografia, não foi suficiente para que se ultrapassasse a perspectiva individualista. Os macrofenômenos dos processos midiáticos permanecem soberanos, desafiando a argúcia dos investigadores. O ambiente formado pelas interconexões midiáticas é refratário aos métodos e abordagens singulares. Ele está presente em todos os meios e faz com que a midiatização ocorra. Entretanto, ele é arredio e se esconde atrás dos fenômenos particulares que obnubilam a percepção de suas inter-relações e interconexões.

Apesar de existir a consciência e a certeza de que estamos diante de algo distinto, não podemos negar o processo, pois esse algo novo está no processo, existe enquanto processo. E não se trata de um processo simples, facilmente perceptível, mas multifacetado, complexo, em que o seu começo e o seu fim, quando existem, estão misturados, praticamente indivisíveis.

A pesquisa somente pode encontrar e encontrar-se, diante da encruzilhada atual, em função da história e do processo vivido desde os primórdios nos centros de investigação e ensino. Não houve um salto epistemológico, mas uma lenta construção que permite, hoje, a percepção dos processos midiáticos. Assim como para McLuhan o *meio é a mensagem*, presentemente se pode afirmar que o *processo é o objeto*.

Todavia, se o pesquisador decidir alinhar-se à perspectiva individualista e centrar sua atenção nos microfenômenos, terá à sua disposição uma gama variada de abordagens da comunicação. Cada dispositivo isolado permite distintas formulações e métodos. Tal pesquisador pode estudar a produção, a recepção, os conteúdos dos meios. Pode, igualmente, realizar a contemplação das mediações, tal como a formulação de Martín-Barbero e Orozco-Gómez. Esses caminhos são fecundos e produtivos. Não obstante, tocam apenas perifericamente a questão da sociedade em midiatização. A soma e as junções de perspectivas individuais não brindam a compreensão do ambiente na sua totalidade.

Como vimos, o processo de midiatização da sociedade desafia os pesquisadores das diversas ciências para a estruturação de um esquema interpretativo, fruto do trabalho em conjunto. Se o desafio está claro, para encontrar as respostas o fundamental é perceber elementos novos que ajudem nesse projeto-construção de metodologias adequadas.

Assumindo-se a midiatização como um novo modo de ser no mundo, como visto antes, tende-se a superar a mediação como categoria para se pensar os meios hoje, mesmo sendo esse mais do que um terceiro elemento que faz a ligação entre a realidade e o indivíduo, via mídia. Ele é a forma como o receptor se relaciona com a mídia e o modo como ele justifica e tematiza essa mesma relação. Por isso, estrutura-se como um processo social mais complexo que traz no seu bojo os mecanismos de produção de sentido social.

Entretanto, isso não basta. Estamos numa nova ambiência, que, se bem tenha fundamento no processo desenvolvido até aqui, significa um salto qualitativo, uma viragem fundamental no modo de ser e atuar.

Como já afirmado, há um aspecto descurado na reflexão das ciências sociais: a consideração da midiatização como um processo sistêmico, mais abrangente, e que está possibilitando uma visão de totalidade da sociedade.

É imperioso produzir ferramentas adequadas para trabalhar, sistemicamente, esse objeto complexo que desafia a argúcia dos pesquisadores das ciências da comunicação. Para alcançar a totalidade do objeto, o pesquisador deve tomar distância das manifestações particulares para contemplar o mosaico do ambiente formado. Os macrofenômenos, na dimensão holística, aditam novas visões que transcendem o singular e permitem que se forme a imagem do que se estrutura na sociedade em midiatização.

Dentro do escopo do que nos propusemos pesquisar, fomos em busca de elementos para nos ajudar a entender esse objeto escorregadio da comunicação, nestes tempos líquidos – na feliz expressão de Bauman (2007) –, e vimos como é importante discutir e apresentar os principais conceitos envolvidos na questão. O primeiro conceito a ser trabalhado é o de fenomenologia, tal como o entendem os seus principais teóricos.

Husserl e a fenomenologia

Um ponto fundamental no contexto da busca da identificação do objeto da comunicação é constituído pela concepção de fenomenologia. Husserl,[1] ao tratar da fenomenologia, se mostra preocupado com o problema do conhecimento. Villela-Petit[2] afirma:

Se a filosofia do século XX teve no movimento fenomenológico uma de suas correntes mais fecundas – corrente que, como tudo indica, se manterá viva ao longo do século XXI –, isto não significa que o

---

[1] No livro *A ideia da fenomenologia*. Lisboa: Edições 70, 1990. 133p.
[2] VILLELA-PETIT, Maria da Penha. Uma filosofia a descobrir ou a re-descobrir: a fenomenologia husserliana. *Síntese*, v. 37, n. 118, maio-ago./2010, p. 198.

pensamento de Husserl, o iniciador do movimento, tenha sido bem conhecido e compreendido, mesmo por aqueles que se reclamaram ou se reclamam da Fenomenologia (2010, p. 198).

Husserl descreve o conhecimento das ciências naturais como um *factum* psicológico, dependendo de um sujeito que percebe algo e assim conhece determinado objeto. A partir disso, o filósofo pergunta se existe a possibilidade de se ter conhecimento de algo sem a interferência da subjetividade, chegando a uma apreensão que transcenda as variações psicológicas de cada indivíduo.

> O conhecimento é, em todas as suas configurações, uma vivência psíquica: é conhecimento do sujeito que conhece. Perante ele estão os objetos conhecidos. Mas, como pode o conhecimento estar certo da sua consonância com os objetos conhecidos, como pode ir além de si e atingir fidedignamente os objetos? (HUSSERL, 1990, p. 42).

Prosseguindo sua análise, Husserl mostra que as ciências naturais e a filosofia distinguem-se pelos métodos utilizados para a compreensão dos objetos. Assim, os métodos usados pela ciência podem servir de ponto de referência para as indagações filosóficas. Mas as duas áreas não podem usar os mesmos métodos, visto que primeiramente se tem um objeto divergente entre as ciências naturais e a filosofia. Também os métodos científicos parecem ser "superficiais" para se chegar a um conhecimento mais profundo das coisas, ou melhor, para se perceber a lógica dos fenômenos. Para ele, "a filosofia, porém, encontra-se numa dimensão completamente nova. Precisa de pontos de partida inteiramente novos e de um método totalmente novo, que a distingue por princípio de toda ciência 'natural'" (Idem, p. 47).

Villela-Petit explica que, eliminando a individualidade e a existência, eliminam-se igualmente todas as ciências da natureza e do espírito e suas observações dos fatos. "O próprio Deus, enquanto fundamento do ser, deve ser eliminado. Também a lógica e as demais ciências eidéticas ficam submetidas à mesma condição:

a fenomenologia considera a essência pura e põe de lado todas as outras fontes de informação" (Idem, p. 4).

A esse tipo de redução, que chama de *eidética*, Husserl acrescenta a redução transcendental, a qual consistiria em colocar

> entre parêntesis não só a existência, senão tudo o que não é correlato da consciência pura. Como resultado desta última redução, nada mais resta do objeto além do que é dado ao sujeito. Para bem compreender a teoria da redução transcendental, é necessário que examinemos agora a doutrina da intencionalidade, que lhe serve de base (Idem, ibidem).

A fenomenologia seria justamente esse estudo do objeto por um método que transcenda as limitações do sujeito, buscando uma percepção do fenômeno do objeto. O fenômeno é algo que se apresenta para nós, algo que aparece, sem que necessite de uma criação do sujeito sobre o objeto. Essa redução busca chegar à essência do objeto, à sua transcendência, àquilo que ele realmente é sem os pressupostos cognitivos da subjetividade. O método fenomenológico busca chegar a uma essência que seja universal diante da multiplicidade de percepções dos objetos. Nesse sentido, o método de Husserl se distingue das ciências naturais, pois se debruça diante do trabalho de perceber as essências dos objetos. "Só mediante uma redução, que também já queremos chamar *redução fenomenológica*, eu obtenho um (*Gegebenheit*) absoluto, que já nada oferece de transcendência" (HUSSERL, 1990, p. 70).

Outra problemática para Husserl é a dos pré-juízos, que também se encontra em Descartes. No método de Descartes existe uma busca para se chegar a um ponto de partida que não dependa das percepções e que possa ser denominado verdadeiro. Duvida-se de tudo, tudo tendo possibilidade de ser falso. O filósofo francês parte de um método de ceticismo total para chegar à formulação que diz que, para duvidar de tudo, tenho de existir, ou melhor, para pensar eu necessito existir: *Cogito ergo sum*. Entretanto, mesmo a *cogitatio* se apresenta como algo subjetivo para Husserl. O autor vai mais além, mostrando ser necessário encontrar a transcendência dos objetos, aquilo que algo realmente é, independente de percepções e da subjetividade. "A fim de obter o fenômeno puro, teria então de pôr novamente em questão o eu, e também o tempo, o mundo, e trazer assim à luz um fenômeno puro, a pura *cogitatio*" (Idem, p. 71).

Todavia, é um problema criar uma teoria do conhecimento que não se sirva do conhecimento das percepções. Como se pode criar um conhecimento sem se basear em um conhecimento prévio? Assim, mostra-se contraditória uma tentativa dessa natureza.

> Sem conhecimento dado como ponto de partida, também não há conhecimento algum como continuação. Por conseguinte, a crítica do conhecimento de nenhum modo pode começar. Não pode haver, em geral, uma tal ciência. [...] o correto em tudo isto é que, no início, não pode valer nenhum conhecimento como previamente dado sem exame (Idem, p. 58).

Contudo, Husserl mostra ser possível a percepção de fenômenos sem pré-juízos, podendo se valer dos fenômenos para a construção de uma teoria do conhecimento, sendo o fenômeno algo que se apresenta e não algo que é buscado pela subjetividade. O método fenomenológico de Husserl cria um conhecimento sem transcendências, chegando àquilo que o objeto é *realmente*. Assim, pode-se criar um conhecimento valendo-se dessas essências.

Sintetizando, Bochenski afirma:

> O método fenomenológico não é dedutivo nem empírico. Consiste em *mostrar* o que é dado e em *esclarecer* este dado. Não explica mediante leis nem deduz a partir de princípios, mas considera imediatamente o que está perante a consciência, o objeto. Consequentemente, tem uma tendência orientada totalmente para o objetivo. Interessa-lhe imediatamente não o conceito subjetivo, nem uma atividade do sujeito (se bem

que esta atividade possa igualmente se tornar objeto da investigação), mas aquilo que *é* sabido, posto em dúvida, amado, odiado etc.[3]

O objetivo desta exposição foi ver como Edmund Husserl compreende e explana o conceito do método fenomenológico para perceber a sua utilização na análise dos processos midiáticos. Como se sabe que a fenomenologia antecedeu a Husserl e continuou depois dele, o projeto é continuar privilegiando outras visões fenomenológicas para desenhar o contexto geral do problema.

Heidegger e a fenomenologia

Heidegger tem uma grande relação com a fenomenologia, não apenas por ter sido um seguidor de Husserl, mas também por sua filosofia apresentar características de uma fenomenologia. O filósofo Husserl foi de grande importância para Heidegger, que era um de seus pupilos mais próximos e bastante estimado pelo mestre. Ao entrar em contato com a fenomenologia, Heidegger percebeu ali um novo terreno filosófico, com novidades radicais diante da filosofia. Todavia, existe uma relação dialética, pois dentro da sua filosofia Heidegger influencia a fenomenologia diante dos problemas tratados pelo filósofo. Deslocando, dessa forma, a fenomenologia para a questão do ser.

Todavia, sua especulação filosófica parece estar bastante articulada com a fenomenologia, ao pensar que o ser está nos entes, mas não se limita aos entes. Dentro disso vemos a preocupação fenomenológica de se chegar às essências, que transcendem os objetos em si, mostrando que aquilo que se articula como essência das coisas, o ser delas, não se apresenta de forma simples pelo contato visual. Podemos dizer, assim, que Heidegger faz uma fenomenologia do ser. Essa é, resumidamente, toda a problemática

---

[3] BOCHENSKI, op. cit., 3.

do seu livro *Ser e tempo*,[4] no qual busca recolocar uma problemática esquecida pela filosofia da sua época. Problemática essa que o filósofo identifica como a questão do ser. Afinal, o que é o ser? Parece banal perguntar isso, pois usamos o verbo ser para tudo, "eu sou bonito", "o céu é azul", entre tantas outras frases. No entanto, não refletimos de fato, buscando perceber o sentido do ser. É importante notar que ser não é um ente, pois o ser não pode ser determinado.

Perguntar sobre o ser exige uma problemática acerca da pergunta. Quando elaboramos uma questão, temos uma vaga noção sobre aquilo que perguntamos. Assim, quando se pergunta o que *é* o ser, esse "*é*" já mostra que se tem um entendimento sobre o sentido do "ser". Devemos também refletir sobre a questão da pergunta. Quando perguntamos sobre algo, estamos buscando algo e, muitas vezes, esse algo já está bem claro para nós e precisamos apenas "achar" aquilo que já esperamos encontrar.

Todavia, a própria questão exige uma espécie de ser, um ser que questiona sobre. Na questão existe um *questionado*, que é aquilo sobre o que perguntamos. Assim como existe um *perguntado*, ou a forma como elaboramos nossa pergunta. Para se poder perguntar sobre algo é necessário conhecer o assunto, mas também desconhecer alguma coisa. O completo desconhecimento, como o completo entendimento, não se abre à pergunta.

Dentro dessa problemática metodológica sobre o estudo do ser Heidegger faz referência ao método fenomenológico. Afirma que "ontologia só é possível como fenomenologia". Percebemos, assim, a importância da fenomenologia para Heidegger. Contudo, é direito esclarecer o que o autor entende por fenomenologia. Ora, o que é fenomenologia, então? É o estudo dos fenômenos. Mas o que é um fenômeno? O filósofo descreve o fenômeno como "o que se mostra em si mesmo" (p. 67). O estudo dos fenômenos

---

[4] HEIDEGGER, Martin. *Ser e tempo*. Rio de Janeiro: Vozes/EDUSF, 2008.

significa, para o autor, uma percepção descritiva dos fenômenos. A descrição é constitutiva da fenomenologia, porém devemos pensar a descrição como aquilo que busca "afastar toda determinação que não seja demonstrativa" (p. 74).

O método de Heidegger para estudar o ser, enquanto fenomenológico, visa a um desvelar dessa questão. O filósofo esclarece que o desvelar de algo não está ligado diretamente a um encobrimento. Mas, sim, que algo pode já ter sido descoberto, porém foi "esquecido" pela filosofia, necessitando de um voltar para "aparecer". Seguindo sua explicação, Heidegger comenta que o oposto de "fenômeno" é o conceito de "encobrimento".

Percebemos uma metodologia fenomenológica no pensamento de Heidegger quando o autor faz a distinção dos *entes* e do *ser*. O ser está nos entes, mas não pode ser reduzido aos entes. Não podemos totalizar os entes como tudo o que está aí. "Todavia, o ser não está nos entes numa perspectiva de estar dentro de. Se assim fosse, chegaríamos a algo espacialmente maior apenas, como a água que está no copo, que por sua vez está na mesa [...] até chegarmos ao espaço universal." "O *ser-em* é, pois, a expressão formal e existencial do ser da presença que possui a constituição essencial do ser-no-mundo" (p. 100). O ser-em se articula como uma presença, ser é estar presente no mundo.

Dentro dos projetos do filósofo alemão para sua obra, encontramos a destruição da metafísica. Entretanto, não se trata apenas de um rompimento com o passado filosófico, ou uma visão apocalíptica do fim da filosofia. Para Heidegger, a forma como a filosofia até então havia pensado o ser é insuficiente. Confundindo o ser com o ente, essa filosofia acaba levando o ser a uma "entificação", que pouco esclarece o que é de fato o ente. Dessa maneira, temos de repensar a metafísica até então, colocando o problema do ser como de importância primordial. Nisso consiste a tarefa de destruição, ou desconstrução, segundo Derrida, da metafísica. Aquilo que pensamos como ser não pode ser pensado igualmente como ente. Temos, assim, o cerne da questão de Heidegger: o ser difere do ente, só podemos pensar o ser se desligarmos dele a identidade com o ente.

Como vimos, o perguntar pelo ser difere de uma pergunta que torne o ser um ente. Pois, quando perguntamos pelo ser, queremos achar o "ser em si" e não gerar um ente para a significação do ser. Dessa maneira, uma pergunta pelo ser nos leva a uma pergunta que difere da pergunta pelo ente. O ser dá sentido aos entes, mas não se concretiza em uma materialidade de ente. Como nos diz Heidegger, o "ser está naquilo que é e como é, na realidade, no ser simplesmente dado (*Vorhandenheit*), no teor e recurso, no valor e validade, no existir" (2008, p. 100).

O que caracteriza o ser é sua diferenciação do ente, o ser não é um ente. A pergunta de Heidegger nos leva a uma pergunta por aquilo que difere. O autor produz o que podemos chamar de uma diferença ontológica, onde o objeto estudado por ele não se constitui por uma representação conceitual do objeto, mas sim por sua diferença diante do ente. Heidegger procura aquilo que difere e não pode ser representado na semelhança com os entes. O ser se constitui por aquilo que não é o ente, porém é o sentido dos entes. O ser está nos entes, mas difere deles.

Merleau-Ponty e a fenomenologia

No prefácio de seu livro sobre a fenomenologia,[5] Merleau-Ponty descreve a problemática que perpassa a filosofia fenomenológica como uma busca por essências. Todavia, o que se designa por essências é algo diferente do significado para uma filosofia idealista. As essências, para Merleau-Ponty, estão intrinsecamente ligadas aos objetos, não distinguindo as essências das coisas e as

---

[5] MERLEAU-PONTY, Maurice. *Fenomenologia da percepção*. São Paulo: Martins Fontes, 1994.

coisas em si. É na existência factual das coisas que se percebe sua essência, que se encontra na forma de percepção dos objetos. A essência de qualquer coisa não se encontra em um mundo *ideal*. Qualquer tipo de essência fenomenológica se encontra na percepção desse objeto, buscando retirar os "pré-juízos" e chegar novamente a um "contato ingênuo com o mundo" (p. 1).

A fenomenologia problematiza a *cogitatio* cartesiana, mostrando que esta nega a percepção de outro. A questão da fenomenologia é mostrar que a percepção individual é parcial. Assim, é necessário chegar a uma visão que transcenda ao indivíduo. Como nos diz Merleau-Ponty, Descartes traz o *a priori* da existência para se chegar à consciência individual. Kant e Descartes dão luz à consciência, de mim para mim. Como nos mostra o filósofo,

> até hoje, o *Cogito* desvalorizava a percepção de um outro, ele me ensinava que o Eu só é acessível a si mesmo, já que ele me definia pelo pensamento que tenho de mim mesmo e que sou evidentemente o único a ter, pelo menos nesse sentido último (p. 6).

Justamente isso é colocado em questão pela fenomenologia. A consciência do eu descarta a percepção do outro para se poder ter uma visão maior do que aquela puramente do indivíduo. A busca da filosofia fenomenológica é, justamente, acabar com os subjetivismos, chegando até uma essência independente da subjetividade. Contudo, eu olho o mundo a partir da minha subjetividade, e sem essa experiência individual não poderia afirmar nada do mundo.

De acordo com Merleau-Ponty, a verdade não se restringe ao interior de uma subjetividade. Pois justamente essa visão de interioridade do homem é posta como um problema. O homem se constitui no mundo, se percebe no mundo. Ele está no mundo, percebendo-o e sendo influenciado por ele. Diz o autor: "A verdade não 'habita' apenas o 'homem interior', ou, antes, não existe homem interior, o homem está no mundo, é no mundo que ele se conhece" (p. 6).

Entretanto, a forma de conseguirmos refletir sobre o mundo sem sofrer interferência de nossa subjetividade é colocar as coisas entre parênteses, possibilitando tomar distância, fazendo aparecer as transcendências dessas coisas. É necessária uma redução da percepção, chegando a um estado de purificação dos "conceitos" prévios a qualquer percepção puramente sensorial. O método fenomenológico coloca entre parênteses, suspende os objetos, para, partindo disso, se chegar à essência desses objetos, sem intervenções subjetivas.

> A reflexão não se retira do mundo em direção à unidade da consciência enquanto fundamento do mundo; ela toma distância para ver brotar as transcendências, ela distende os fios intencionais que nos ligam ao mundo para fazê-los aparecer, ela só é consciência do mundo porque o revela como estranho e paradoxal (p. 10).

A essência do mundo não é sua conotação em forma de *ideia*, mas sim sua apresentação para nós antes de qualquer juízo. A essência, para a fenomenologia, é o olhar "ingênuo" já mencionado.

Ela é a percepção quase imediata do primeiro contato com determinada coisa. A fenomenologia analisa a percepção destacando o primeiro contato com os objetos para se chegar a sua real apreensão. Assim, a lente da filosofia fenomenológica é a do primeiro contato inocente, sem suposições, como se o mundo fosse a primeira cena de um filme do qual não sabemos a sinopse.

Depois de apresentar a sua compreensão da fenomenologia em Husserl, Merleau-Ponty começa a desenvolver a sua *Fenomenologia da percepção*.

Quando descreve o *campo fenomenal*, Merleau-Ponty destaca uma volta da filosofia para refletir sobre o sentir. Segundo o autor, o sentir é o que estabelece nossa relação com o mundo; é sentindo que nos relacionamos com o mundo, com nosso corpo; é através do sentir que podemos perceber. Todavia, o sentir acabou sendo deixado de lado pela filosofia. As posições de Kant, diante disso, diante das problemáticas enfrentadas pelo filósofo francês, mostram-se insatisfatórias. Partindo de uma nova problemática do sentir e da percepção, faz-se necessário repensar alguns aspectos da ciência, da psicologia e da filosofia. Essa nova percepção dessas três áreas cria um *campo fenomenal*.

A ciência toma como um pressuposto o conceito de coisa. Assim, ela pouco se preocupa com o fenômeno da percepção. Tudo o que se percebe é um ser, porém a coisificação científica apenas busca saber em quais condições aquilo se torna possível. Mesmo admitindo que um objeto nunca se esgota, não se pensa sobre um objeto algo fora da coisificação científica. Assim, qualquer tipo de objeto é pensado dentro de um limite de relações causais científicas, mesmo quando o objeto é o corpo humano, que é resumido em aspectos causais, excluindo sua interioridade. O corpo do homem acaba por ser nivelado como um objeto como outro, negando, dessa maneira, a percepção do próprio sujeito sobre o corpo e negando também a própria subjetividade. Como nos diz Merleau-Ponty: "[...] assim, enquanto o corpo vivo se tornava um exterior sem interior, a subjetividade tornava-se um interior sem exterior, um espectador imparcial" (p. 88).

Merleau-Ponty faz uma crítica à filosofia que sustenta um "racionalismo" cientificista, destacando que a humanidade não apresenta uma unidade racional. Destaca que isso é uma realidade de algumas sociedades favorecidas, pondo em questão "a ideia de um universo de pensamento ou de um universo de valores, em que todas as vidas pensantes seriam confrontadas e conciliadas" (p. 89). Essa visão racionalista é compreendida como uma visão histórica, de determinada época da filosofia. O agora de Merleau-Ponty pretende reintroduzir a percepção na filosofia, buscando, assim, uma nova percepção do mundo.

Tratando-se de uma perspectiva psicológica, a fenomenologia se distingue de uma psicologia da introspecção, pois essa trabalha com a consciência como se fosse um cientista diante de um objeto de estudo. A proposta psicológica da fenomenologia pretende destacar a percepção como um fator constituinte do Ego, mostrando que a consciência está no corpo e percebe o mundo através dele. E é sobre esse mundo percebido que é necessário falar, assim como deve ser o único mundo do qual se deve falar (p. 93).

Esse mundo estudado pela fenomenologia não é mundo inteiro, mas justamente sua partição. Apenas uma das várias mônadas que compõem o mundo como todo. O mundo, para a fenomenologia, não é apreensível por completo, só podemos conhecer mundos e não o mundo. Precisamente por sua consciência de limitação, a fenomenologia busca a descrição das coisas como aparece à consciência, sem tentar prever nada. Descrever o mundo como ele se parece, como sentimos, como percebemos.

Nessa perspectiva, Merleau-Ponty debruça-se sobre o mundo percebido. Afirma que percebemos o mundo com o corpo. Essa frase pode sintetizar as ideias contidas no texto de Merleau-Ponty. A forma como o mundo nos aparece está relacionada com os nossos sentidos, nossa noção espacial, nossos recursos corporais de percepção. Assim, o interior e o exterior se confundem, pois a percepção do exterior se dá por mecanismos do nosso interior. O corpo é nossa abertura ao mundo, que nos liga ao que está de fora. O corpo é o filtro do mundo. Também o exterior influi na própria percepção do nosso corpo, daí notamos que perceber o mundo é perceber o corpo (p. 277).

Para o filósofo, "o pensamento objetivo ignora o sujeito da percepção" (p. 279). Com essa frase Merleau-Ponty começa o capítulo destinado ao sentir. O que quer dizer com isso? Ele critica a ideia de uma objetividade na compreensão dos objetos. O pensamento objetivo busca uma relação de "verdade" com o objeto, uma percepção pura do objeto. Ignorando, desse modo, a própria inverdade com que percebemos o mundo, ou seja, a percepção. É por meio da percepção que compreendemos o mundo. Como destaca o autor: "Todo saber se instala nos horizontes abertos pela percepção" (p. 280), negando, pois, uma possível percepção "objetiva" ou "pura" dos objetos. A mediação dos sentidos intervém na forma como os recebemos. Assim, se tocamos um objeto de olhos fechados, percebemos algo diferente do que se víssemos esse objeto. O filósofo empirista pensava a percepção como mais um elemento do mundo, como mais uma concepção de uma visão "objetiva". Merleau-Ponty frisa que a percepção é o próprio contato com o mundo: percebemos tudo de outra forma quando não temos um dos sentidos, assim como também percebemos de modo diferente quando adquirimos um novo sentido.

O autor apresenta uma série de casos centrados na percepção, mostrando, dessa maneira, a relevância dela para nossa concepção do mundo. Ele cita casos de pacientes de hospitais, cegos, que, ao voltarem a ver após cirurgia, não apenas incorporam outro sentido a suas percepções como também criam uma nova relação com o mundo. Criam uma nova *estrutura* do conjunto de percepções. Isso mostra como a percepção é mediadora da nossa realidade. Só podemos chegar ao objeto mediado pelos sentidos. Isso nos mostra que qualquer tipo de pureza objetiva que se busque está fora da nossa realidade corporal.

Diferenciar as percepções, para mostrar sua importância na construção de um conjunto perceptivo, é o que o autor busca também nesse capítulo. Os pacientes operados de catarata mudam de mundo. No entanto, "o mundo do cego e o do normal diferem não apenas pela quantidade dos materiais dos quais eles dispõem, mas ainda pela *estrutura* do conjunto" (p. 302-303). O que o autor afirma com isso é que os sentidos não são apenas recurso da percepção, mas que, como meio de entender o mundo, cada sentido pode modificar a própria compreensão do que vemos, dos objetos.

Os sentidos, se pensados separadamente, apresentam características divergentes. Não podemos transpor a percepção de um dos sentidos para outro. Aqueles pacientes que eram cegos continuavam a perseguir com os olhos as curvas dos objetos, como se estivessem tocando o objeto com os olhos quando voltavam a ver. Merleau-Ponty estuda esses fenômenos revelando a importância da percepção na existência humana. A subjetividade humana se constitui com esses elementos perceptivos. O próprio filósofo, que pretende um empirismo, se vale do corpo como um elemento de contato com o mundo. Nós somos através do sentir, e somos dentro do mundo.

Ele pensa a percepção como o contato mais básico do mundo, como o elemento da apreensão de qualquer objeto. Os sistemas que diferenciam uma verdade *a priori* e uma verdade de fato perdem seu sentido. Pois a forma de se chegar a qualquer conhecimento é através desses meios da percepção. Mostrando que as percepções, com todas as suas dificuldades, seus enganos, seus "problemas", se constituem como nossa abertura ao mundo, Merleau-Ponty afirma, então, que mesmo o cientista se vale dessa ferramenta básica para chegar ao seu objeto de estudo.

Quando se fala de perceber, trata-se de perceber diretamente o mundo. O grande objeto de qualquer método não deixa de ser o mundo. Talvez se possa pensar que existem vários mundos, ou apenas que o mundo é uma multiplicidade. Mas as percepções são as nossas portas para esse mundo, para se chegar a ele.

Seguindo a tradição fenomenológica, Merleau-Ponty busca a essência da percepção em sua experiência factual. Descrevendo casos de pacientes de catarata, pacientes sob o efeito de mescalina, efeitos visuais simples, entre outros elementos da percepção, ele chega, através desse aparato, à própria "essência" do sentir, do perceber, revelando a importância do corpo para se pensar os objetos, mostrando o corpo como o constituinte da nossa constituição no mundo.

Na relação com a percepção dos objetos, é fundamental a consideração do espaço. Merleau-Ponty discorda da ideia que considera o espaço uma constante que perpassa tudo, como condição de existência dos objetos. O espaço não é a condição de as coisas existirem, mas algo que permite a conexão das coisas. Algo que nos revela uma ligação, que nos permite uma noção de lugar. Assim, o filósofo diverge das visões intelectualistas e empiristas, propondo outra forma de pensar o espaço. Para Merleau-Ponty, o espaço é concebido como algo que não deixa de estar ligado ao real, porém apresenta certa "virtualidade". O espaço é um centro gravitacional; ele nos leva a uma orientação dos objetos.

Importante, na sua reflexão, é a relação entre as coisas e o mundo percebido. Vemos nossa mão sob a luz do sol; se estivermos no escuro, não a vemos mais. Se a aproximarmos e a deixarmos ao lado de um prédio, ela terá a mesma altura do prédio. Podemos ver dedos gigantes e prédios pequenos, depende de onde estamos, depende de como olhamos. A percepção tem seu espaço, tem seu contexto, assim é a relação da coisa com o mundo natural. Vemos as coisas a partir de uma perspectiva, com uma determinada iluminação, com uma determinada distância, as quais modificam e nos apresentam os objetos.

A coisa nunca está fora de uma relação, ela pode ser um nó de uma rede de relações, mas nunca um objeto independente. O processo de relações é que nos revela o objeto, nossa própria percepção já se articula como uma relação. A coisa enquanto objeto se encontra posta no mundo sofrendo sua influência direta. Como escreve mais precisamente Merleau-Ponty: "[...] uma certa orientação de meu olhar em relação ao objeto significa uma certa aparência do objeto e uma certa aparência dos objetos vizinhos" (p. 404).

A relação do meu olhar revela determinadas aparências do objeto; a coisa se constitui diante da minha percepção desse objeto. Se olho uma obra com os olhos levemente fechados, posso perceber coisas que não vi antes com os olhos totalmente abertos. Assim também, se olho um objeto de um ângulo levemente para esquerda, percebo coisas diferentes do que observo dos outros ângulos. Também posso ter a impressão de alguém ser mais baixo ou mais alto do que é em relação a mim caso olhe a pessoa de longe.

> A coisa é grande se meu olhar não pode envolvê-la; é pequena, ao contrário, se ele a envolve amplamente, e as grandezas médias distinguem-se umas das outras conforme, em distância igual, elas dilatam mais ou menos meu olhar ou o dilatam igualmente em diferentes distâncias (p. 407).

O filósofo nos mostra, com isso, que nossa compreensão do que é grande ou pequeno vai depender de uma relação espacial ou de distância. Percebemos algo como grande quando ele toma conta do nosso olhar a ponto de se fechar nele. A grandeza de algo depende, em certa medida, de uma *relação* espacial de proximidade ou distância. Isso revela a importância do contexto, ou do mundo, da nossa posição diante do objeto. A relação espacial diante do objeto nos revela dada percepção. Perguntamos: e se fosse diferente? Outra relação espacial levaria a outra percepção.

Existe uma série de fatores que podem modificar nossa percepção, uma das mais simples e básicas é certamente a luz. A luz é um desses elementos contextuais que articulam a percepção do objeto, certamente o elemento mais importante para a percepção visual. Ela se apresenta como uma condição de possibilidade da percepção visual, podendo, ainda, articular pontos de vista desse mesmo objeto. Quando entramos em uma sala com uma luz verde, todos os objetos que vemos parecem de cores diferentes. Os objetos vão se apresentar de acordo com um "contexto" da luz verde. O filósofo compara a luz, para a percepção visual, à relação eu e outro, dentro do campo da comunicação. Sempre comunicamos algo para o *outro*; a comunicação se articula em uma dialética, alguém que comunica algo para *outro*. A comunicação é essencialmente social, não se pode pensar em comunicar sem ter alguém para comunicar qualquer conteúdo (p. 415-416).

Merleau-Ponty também destaca que a própria percepção não deixa de ser, em certa medida, uma comunicação, pois, para existir qualquer tipo de percepção, é preciso uma relação com algo, um *outro*, por assim dizer. O objeto aparece para nós dentro das nossas potências perceptivas, se revela em uma relação, existe um efeito dialético dos meios que dispomos para perceber algo e a própria existência desse objeto. O autor define a percepção de forma mais literal "como um acasalamento de nosso corpo com as coisas" (p. 429).

Ainda desenvolvendo essa ideia, o autor destaca ser a natureza justamente essa interlocução, esse diálogo do nosso corpo com os objetos. Vivemos de relações, seja entre nós mesmos, seja com os objetos, ou relações sígnicas/simbólicas, no caso da palavra escrita, das imagens, de percepções que sintetizem certas ideias. Importante destacar que não percebemos apenas os objetos na nossa frente com uma intenção de conhecimento, podemos perceber aquilo que também se apresenta de uma maneira prática. Quando, por exemplo, tiram um objeto do lugar sem nos avisar, percebemos alguma diferença, mas pode ocorrer de não notarmos o que exatamente foi modificado.

A definição de objeto, ou melhor, de coisa, é trabalhada na teoria de Merleau-Ponty. A coisa nos ignora, diz o filósofo (p. 432). Só podemos percebê-la se olharmos para ela de uma determinada forma. Qual seja, de uma maneira metafísica, percebê-la como um outro, porém um outro incomunicável, um outro que não nos responde, por isso nos ignora.

Merleau-Ponty nos revela, ainda, ricas observações sobre o corpo. Possuir um corpo não é apenas ter uma abertura ao mundo, é ter a possibilidade de compreender através de vários sentidos o mundo que se revela para nós. Todavia, nós não apenas recebemos o mundo com os nossos sentidos, nós retomamos as coisas, as vivemos, as reconstituímos. A percepção não é passiva, mas algo que exige um comportamento ativo também, de significação, de constituição das coisas, de processos de compreensão.

Merleau-Ponty trabalha também a relação do eu com o outro, bem como nossa relação com o mundo dentro dessa articulação. Eu percebo o mundo de uma forma, porém o outro pode perceber de uma forma distinta. Da mesma maneira, o outro pode me ver como um objeto, dentro de uma relação sujeito/objeto. Como refere o autor, existem dois tipos de existência: o ser-para-si – os homens –, e o ser-em-si – os objetos. A questão levantada se relaciona com a percepção do outro como um ser-em-si. Eu sou um ser-para-si, porém posso perceber o outro como um ser-em-si, deixando-o sem sua característica humana. Existe no outro uma consciência, porém aquilo que percebo dele nada mais é do que aquilo que posso perceber através do meu corpo.

Assim, pode-se pensar que o outro não é apenas um objeto que percebo, mas consigo chegar a ele pelo seu comportamento. O outro transmite informações para mim, mas penso-o como um ser que tem consciência, sei que por trás de seus movimentos existe um sentido, algo que o faz escolher algo e não outra coisa. O filósofo diz que olhar para o outro e perceber um ser-em-si só é possível se observo esse outro com um olhar desumanizado.

Nessa relação de em-si e para-si, podemos pensar o corpo como um em-si. Ou seja, como um objeto da minha consciência. O corpo do outro, assim como o meu corpo são objetos de nossa consciência. Portanto, só tenho contato com o outro através dos meus objetos de percepção, só podendo também me expressar com ele usando meu corpo. O corpo é o meio pelo qual tenho contato com o mundo, assim também como minha única fonte de percepção dele. Nosso corpo nos fecha e nos abre ao mundo, não podemos ter contato com o mundo/outro de forma "direta", o corpo é nossa mediação com o que está de fora. Esse "meio" de contato também influi na "mensagem" que percebemos e que emitimos, usando termos de McLuhan.

Feitas essas reflexões e considerações sobre o objeto de pesquisa, a questão do método e os desafios de se analisar os fenômenos contemporâneos, busquemos agora maior aproximação com a pesquisa ora realizada, entendendo o processo de midiatização da sociedade e sua incidência em determinadas práticas socios-simbólicas na contemporaneidade.

I I I

O Uno, o Múltiplo e a comunicação

Revisitando os clássicos

O resgate do conceito de unidade a partir de alguns filósofos antigos e medievais é ponto de partida do estudo que busca a análise do atual estado da midiatização no mundo, especialmente o ocidental, ou ocidentalizado. Estado esse que compreende a midiatização como uma nova forma de ser no mundo, como um fator que estabelece em nossa sociedade novas questões a serem pensadas sob novos pontos de vista.

Interessou-nos compreender como os vários filósofos, dentre eles Platão, Plotino e Santo Agostinho, trabalharam o conceito de unidade, visto que este pode constituir uma chave para a interpretação desta nova ecologia comunicacional e para a compreensão do bios midiático que se está estruturando no presente.

Platão e os dois Unos

A leitura do sábio grego deu-se através dos diálogos *Timeu* e *Parmênides*, além de obras comentadas. Platão tinha uma filosofia metafísica voltada para a unidade. O cosmos provinha do Uno e o cosmos era Uno. Há dois Unos na filosofia platônica: há o Uno como Ser Supremo, indivisível, eterno, mas atemporal e imutável, e o Uno como unidade indivisível presente no cosmos. Em *Timeu*, Platão descreve a gênese do universo a partir de um

Ser Supremo, um Ser que é, um Ser de extrema simplicidade e único, o Bem. Desse *Ser* nasce tudo o que há de suprassensível e de sensível. Como princípio de tudo, ele dá origem às Ideias ou às Formas, que podem ser ditas como "pensamentos desse Ser".

Esse Mundo das Ideias, suprassensível, que se originou do Uno indivisível, é responsável pela criação do mundo sensível, até mesmo de seu plasmador, o Demiurgo, uma espécie de divindade pessoal, diferentemente das Formas ou Ideias e do Princípio Único, que são impessoais. O Demiurgo, que plasma o cosmos, o faz com a vontade de criar um mundo semelhante ao das Formas. Sendo assim, nosso mundo é uma cópia daquele divino e perfeito. A matéria de que dispõe o Demiurgo é matéria desordenada, que necessita de ordem para se assemelhar ao perfeito. Tal matéria não precede o Demiurgo – pois o mundo suprassensível é eterno, não cronológico –, mas existe para que seja moldada; pode-se dizer que ela surge no momento em que o Demiurgo quer plasmar o mundo. Aqui vale ressaltar que tal atividade não consiste em violar, modelar fisicamente a matéria, mas apenas determinar o determinável, segundo a díade platônica.

É importante contemplar a relação que o mundo determinado tem com o determinante, e sobre esse tema a obra de Mário Ferreira dos Santos[1] fornece ricas contribuições. Segundo ele, Platão não aceita a desconexão do mundo sensível com o das Formas. Pelo contrário, aquele depende desse. A conexão entre os dois mundos se dá através de uma participação. Cada ser da natureza (natureza está relacionada com aquilo que faz parte do mundo sensível) participa de determinadas formas. Assim, o homem participa simultaneamente de várias formas, por semelhança (imitação). Se for alto, participa da forma da altura; se é bom, participa da forma da bondade e assim por diante. Nunca

---

[1] SANTOS, Mário Ferreira dos. *Platão – O um e o múltiplo*; comentários sobre o *Parmênides*. São Paulo: Ibrasa, 2001

algo da natureza, do mundo sensível, participará por completo de alguma forma, do contrário seria a própria forma, perfeito. Sendo a própria forma, não poderia estar sujeito a mudanças, visto que as formas são eternas e imutáveis; contudo, por fazer parte do mundo sensível, está sujeito às mudanças. As possibilidades de se discorrer sobre o tema da relação entre mundo sensível e mundo das ideias são inúmeras.

Além da conexão dos dois mundos, há a conexão de todos os entes, a qual se dá através de um *"logos analogante*, que unifica todas as coisas, no qual elas se univocam"* (p. 130).

Para auxiliar na compreensão da concepção socrático--platônica de unidade *versus* multiplicidade, Santos apresenta o exemplo das Ideias de Semelhante e Dessemelhante. Os entes sensíveis, por participarem por semelhança das formas, participam também da forma da semelhança, enquanto eles se assemelham a alguma forma; da mesma maneira que participam da forma da dessemelhança na medida em que diferem de alguma outra coisa. Esse exemplo possibilita compreender melhor como o todo é Uno e Múltiplo: o "Todo (que inclui todas as coisas) é Um, por participar do Um, e múltiplo, por participar do múltiplo" (p. 43).[2]

A contribuição de Platão para o estudo presente se dá através de sua teoria da participação. Mesmo neste mundo de múltiplas formas em que vivemos, todas elas partem da mesma origem, do Uno indivisível. Todas elas participam desse Uno, e em seu ser todas estão contidas. É uma teoria que remete à metafísica (algo muito comum na filosofia, visto que a metafísica sempre se pergunta pelas causas dos fenômenos e, consequentemente, por

---

[2] Cabe aqui um breve comentário sobre as teorias anteriores de Heráclito e de Parmênides e a importância da teoria platônica de síntese dessas duas filosofias tão marcantes no período da civilização grega. Heráclito concebia como a essência do mundo, sua *arché*, o movimento, enquanto Parmênides, com sua teoria sobre o ser, afirmava que por trás de todo esse movimento do mundo sensível jazia o ser, algo imutável, eterno, ilimitado.

aquilo que está por trás dos entes) para fundamentar a unidade do cosmos. Santos diz que todo ser finito é um ser participante, visto não possuir o ser em sua plenitude. Ele não tem em si mesmo a sua razão de ser. Ora, se há um ser participante, há também um participado (cf. p. 265). "E consequentemente, também, um participado que não participa, por sua vez, de nenhum outro ser. Em suma: há um ser que tem em si a sua plenitude de ser e a razão suficiente de seu próprio existir" (Ibidem).

Santos afirma, ainda, que "há expresso no pensamento platônico [...] a anterioridade de uma unidade, que precede a toda multiplicidade. O Um Supremo antecede ao Um-múltiplo e antecede este ao um-e-múltiplo" (p. 275).

Finalizando esta breve releitura das obras platônicas, trazemos à análise um trecho bastante intrigante em *Timeu*. Este afirma que "somente Deus dispõe de poder e conhecimento para misturar o múltiplo na unidade, ou o inverso: dissolver a unidade na multiplicidade, ao passo que o homem nem é capaz agora de realizar essas duas operações nem jamais chegará a realizá-las no futuro" (PLATÃO, 1986, p. 76).

Como se pode interpretar essa posição no presente estudo? Será que é uma posição contraposta à de Teilhard de Chardin, que concebe a técnica como algo capaz de trazer unidade à multiplicidade? Essa posição platônica nos possibilita perceber como a concepção de unidade foi desenvolvida e tomou outros rumos além dos metafísicos ao longo da história do pensamento ocidental. Uma unidade física, visível, vivida no dia a dia por meio da midiatização, como a que temos hoje, talvez não fosse ainda imaginada por Platão.

Ou, então, tanto o Uno de Platão quanto o de Chardin são, de fato, um ser supremo, inatingível, de alguma maneira uma divindade. O conceito de "Cristo Cósmico", em que, segundo o autor, tudo o que sobe converge, parece acenar nessa direção. No entanto, o que Chardin parece nos trazer de novo é o surgimento de um novo Uno, que no imaginário social pode, de alguma maneira, substituir o primeiro, mas que se assemelha aos mesmos sentimentos de sociabilidade. Entretanto, no pensamento do autor, tudo o que é criado, até mesmo pelo desenvolvimento da técnica, é a continuação de uma obra inconclusa de Deus. Mais adiante neste trabalho vamos ver em maior profundidade a obra de Teilhard de Chardin.

A visão unitária de Plotino

Plotino é um neoplatônico. Existe, por isso, forte semelhança entre sua obra e a de Platão. Plotino viveu no século III d.C., portanto, mais de seiscentos anos após Platão ter fundado a Academia. É Plotino, o filósofo de Licópolis, no entanto, quem se mostra como o primeiro representante influente do neoplatonismo, mesmo havendo uma distância temporal tão longa entre mestre e discípulo.

O filósofo Plotino é descrito pelos historiadores como um homem que se dedicou muito à meditação, à contemplação – formas através das quais o retorno ao Uno era possível. Segundo sua biografia, ele mesmo dizia que se encontrou com o Uno quatro vezes na vida. Era tido pela comunidade como um sábio e, por isso, conselheiro de muitos. Trabalhou fortemente as questões da ética, mas o importante, aqui, são suas considerações sobre o cosmos, as quais remetem à metafísica, que difere um pouco da metafísica platônica, principalmente pelos conceitos de *hipóstases* e de *emanação*, este último relacionado ao conceito de *participação*, de Platão.

Como Platão, Plotino trabalha o conceito de unidade remetendo à metafísica, pois o mundo é Uno a partir do mundo suprassensível. Para ele, a gênese do universo se dá da seguinte forma: do Uno, o Primeiro Princípio, emana o *Noûs*, o Intelecto.

O *Noûs*, ao contemplar o Uno, gera a Alma do Mundo, e esta, ao contemplar o *Noûs*, gera todas as coisas com forma e matéria. O Uno, o *Noûs* e a Alma formam as três hipóstases plotinianas.

Também é muito forte neste pensador a teoria da participação. Ela é a fundamentação da unidade do mundo. Todas as coisas do mundo sensível possuem alma e todas elas surgem de uma alma, sendo essa conexão com o suprassensível a possibilidade para a unidade do cosmos. Para exemplificar tal visão do cosmos, veja-se a compreensão da terceira hipóstase, a Alma do Mundo. O corpo sempre está num lugar. Aqui, ali, e alguns estão em partes contrárias do universo. Não é assim com a Alma, que não dá vida às coisas dividindo-se, distribuindo suas partes. Todas as coisas vivem devido ao todo, à onipresença da Alma, tal como ao Pai que a engendrou em sua unidade e sua universalidade. "Pelo poder da Alma, o múltiplo e diversificado sistema celeste é uma unidade; devido à Alma, este mundo é um deus" (PLOTINO, *Enéadas*, V, 1, 2).

Sobre a descida das almas aos corpos, um trecho das *Enéadas*, obra principal do filósofo, atesta que, embora a Alma seja um ente divino e provenha do metafísico, ela entra num corpo e, ainda que seja um deus posterior, ela vem a este mundo por causa de uma tendência inerente à sua potência de ordenar o que lhe é inferior.

> Tendo levado suas forças à manifestação, tendo exibido obras e produções, ela fez com que elas não permanecessem imóveis na região incorpórea, não deixassem de ser levadas ao ato; se não fosse assim, as potencialidades que entesourava em si teriam permanecido desconhecidas para a própria Alma: pois sempre é o ato que manifesta a potência; e esta permanece totalmente oculta ou obliterada se não for realmente levada ao ato. No mundo, a riqueza das maravilhosas obras do exterior nos encanta pelo fato de ser a manifestação dos tesouros do (Mundo) interior (*Enéadas*, IV, 8, 5).

Dois excertos das *Enéadas* podem ser comparados com a filosofia de Chardin em relação ao andamento do universo. Um deles se refere à afirmação de Plotino de que é inerente à natureza de cada espécie produzir o que se segue a ela, bem como desenvolver-se a partir de um princípio central, como de uma semente, até chegar ao Mundo Sensível. Enquanto o anterior sempre permanece em seu posto, o seguinte é procriado por uma força, inata à Alma em sua existência superior. Essa força é indefinível e não circunscrita por um ato de autoapropriação, em prosseguimento incessante até que o universo (isto é, o cosmos) realize a última de suas possibilidades (cf. *Enéadas*, IV, 8, 6).

Em outro trecho das *Enéadas*, o filósofo diz que tudo o que é múltiplo, tudo o que está abaixo da Unidade, está na necessidade. Por sua constituição em partes, o múltiplo aspira sempre à unidade. Ele depende de suas partes.

> Além disso, todas as partes que estão contidas nele estão ligadas umas às outras e não apenas consigo mesmas: por isso, elas têm necessidade umas das outras. Assim, esse ser está na necessidade tanto em suas partes como em seu conjunto (*Enéadas*, VI, 9, 6).

O retorno do Múltiplo ao Uno, segundo o filósofo, poderia ocorrer através de uma "fuga", conceito usado por ele não como uma negação do mundo sensível, mas como subordinação ao verdadeiro princípio, e este processo se daria pela dialética platônica, pela análise.

Dessarte, chega-se à origem do Múltiplo a partir do Uno. E seria impossível explicar os entes existentes sem uma causa eficiente, sem um Absoluto, sem o Uno.

Santo Agostinho e a visão da unidade

O filósofo de Hipona também parte do metafísico para discursar sobre a unidade. Assim como Platão e Plotino, Agostinho busca o mundo elevado, o imaterial, o espiritual, estabelecendo sua meta, entretanto, em Deus. É importante deixar claro que esse Deus é o Deus cristão, portanto diferente do Uno de Platão e de Plotino, embora guardem enormes semelhanças. Apesar de sofrer influência desses filósofos, Agostinho tinha a concepção bíblica de Deus que tem características pessoais: é criador, por vontade, pela bondade divina, não emana, por exemplo. Mesmo assim, ele ainda tem muitas características em comum com o Uno platônico e com o Uno de Plotino, como as noções de imutável, perfeito e eterno.

Em "O homem e o tempo", livro XI das *Confissões*,[3] Agostinho afirma que Deus é o Criador de tudo o que existe: "[...] falastes e os seres foram criados. Criaste-os pela vossa palavra!" (p. 297). Aqui ele expõe sua visão do Uno, o Criador, e do Múltiplo, o que fora criado por ele. Para ele, Deus não fazia coisa alguma antes de criar o céu e a terra, desde que por esses nomes se compreendem todas as criaturas. Qualquer coisa que Deus tivesse feito antes seria criatura dele. Possui tanta certeza disso que deseja saber tudo o que importa saber quanto sabe isso (cf. p. 302).

Trabalhando a partir de duas instituições muito parecidas com as noções de Uno e Múltiplo de Platão e Plotino, o pensador cristão afirma a indissociabilidade entre o Criador (Uno) e suas criaturas (Múltiplo), diferenciando, mesmo, a duração e o tempo presentes no que fora criado. A criatura tem duração, que é própria dela, e, como parte do Criador, que está nela, seu tempo é eterno. Ou seja, a eternidade está na essência da criatura. A vontade de Deus está antes de toda a criatura, pois sem ela nada teria sido criado. Ela pertence à própria substância de Deus. Sua indagação é sobre a não eternidade das criaturas, haja vista ser

---

[3] AGOSTINHO, Santo. *Confissões*. 10. ed. Porto: Livraria Apostolado da Imprensa, 1981.

vontade de Deus, desde a eternidade, que existam criaturas (cf. p. 300-301).

Agostinho afirma que a multiplicidade das formas temporais, infiltrando-se pelos sentidos do corpo, apartou o homem "caído" da união com Deus, e com sua variedade inconstante multiplicou--lhe sobremaneira os afetos.

> Donde resultou uma abundância trabalhosa e, por assim dizer, uma penúria opulenta, em virtude da sequência ininterrupta das coisas, que não lhe permite fixar-se em nada. Permitiu que o tempo do trigo, do vinho e do azeite o dispersasse pela multidão das coisas, sem jamais deparar com o que permanece sempre igual a si mesmo, isto é, a única natureza imutável, em cujo seguimento não há erro e cuja posse não acarreta amargura (*A verdadeira religião* 21-22; c. 139s).

O filósofo fala que, nesse processo, esse homem também obterá a redenção do seu corpo, que deixará de estar sujeito à corrupção, própria da condição do estar no mundo. Para ele, a matéria corruptível agrava a alma, e a mente é deprimida pela morada terrestre. Nesse processo, a formosura corporal é absorvida pelas vicissitudes temporais, pois ocupa o último lugar por não poder abranger tudo. "Sua beleza só se completa numa alternação contínua de formas temporais, estabelecendo-se, enfim, uma beleza unitária" (Idem, ibidem).

Agostinho trata de uma espécie de diáspora, de uma apartação temporal, nessa díade Uno e Múltiplo, exatamente pela não compreensão pelo Múltiplo da sua condição de fadado ao Uno, da sua destinação ao Uno.

> Assim, pois, como há muitos homens de gosto pervertido que preferem o verso à própria arte da versificação, por anteporem o ouvido à inteligência: assim muitos amam as coisas temporais, mas ignoram a Divina Providência, que origina e dirige os tempos, e por causa do seu apego ao temporal não querem que passe aquilo que amam (Idem, ibidem).

Dessa maneira, Agostinho busca e afirma uma visão unitária da história e do mundo. Como se percebe, a explicação totalizante do mundo, das coisas sensíveis e suprassensíveis, está igualmente presente, embora por outros conceitos, na essência do pensamento cristão.

Filósofos da Idade Média

Após o sumário dos três filósofos da Antiguidade, foi realizada uma incursão ao mundo dos filósofos medievais.[4] Esse período da história, considerado por alguns como sem maior importância, mostrou uma fertilidade intelectual muito grande. Pesquisou-se possíveis semelhanças entre as teorias de diversos filósofos platônicos e as teorias antigas em busca de pensamentos diferentes e originais a fim de enriquecer o estudo.

O primeiro pensador que contemplamos aqui é Proclo, um filósofo neoplatônico do século V, que dirigiu, por quase cinquenta anos, a Academia fundada por Platão. Ao destacar a importância da teoria da participação no pensamento de Proclo, Michael Erler (2003) afirma que o filósofo subdivide o âmbito do espírito – equivalente ao *Noûs* de Plotino – numa tríade: o ser, o pensar e a vida. A divisão se justifica porque, para ele, as diferenciações andam juntas com uma subordinação ontológica. A conexão do Uno com o plural e deste com o Uno se justifica pelo parentesco universal do ser. Tendo em vista que tudo está em cada parte, o ser da causa encontra-se no causado, desenvolvendo-se na medida em que ele se torna a causa de outros desdobramentos (cf. p. 263).

Dessa forma, de acordo com Erler, ao mesmo tempo que é preservada a identidade, também é gerada, simultaneamente, uma

---

[4]   O acesso a tais filósofos foi realizado a partir dos compêndios de história da filosofia, conforme referido ao longo do texto e registrado nas indicações bibliográficas.

diferença, na medida em que cada coisa causada, na qualidade de causada, está ontologicamente em um nível mais baixo.

Identifica três momentos centrais resultantes para a relação entre a hipóstase mais elevada e a mais baixa: permanência (*moné*), saída (*próhodos*) e o retorno (epístrofe). No primeiro caso, o causado é similar à causa, permanecendo na sua origem. No segundo momento, o causado é distinto da causa e sai dela. No terceiro caso, por estar presente no causado, a causa age em toda parte. Entretanto, como ela é simultaneamente separada do causado, este se volta novamente para sua causa. Pois, segundo Erler, "tudo o que procede de algo retorna, em conformidade com o seu ser, para aquilo de que procedeu" (Idem, ibidem).

Proclo entendia, conforme explica Erler, que em todo o causado a semelhança em relação à causa sobrepuja a diferença surgida pela separação do causado de sua causa. "Este 'retorno' dá-se em níveis diferentes, respectivamente no nível do espírito, no nível da alma cósmica ou da alma humana, provê a vinculação do causado com a causa e leva ao movimento circular de todo ser" (ERLER, 2003, p. 263).

Como se vê, o movimento fundamental se volta para uma retomada da unidade como forma de compreensão da existência. Permanência, saída e retorno são momentos importantes para a concepção do ser humano e do mundo, de acordo com Proclo.

Boécio, pensador cristão que viveu no mesmo século, apresenta uma mescla do Cristianismo com a filosofia platônica. De um lado, o cosmos criado e regido por uma providência, por Deus; de outro, as noções platônicas de cosmos, de tempo, de bondade suprema, de Uno, entre outras.

João Escoto Erígena, por sua vez, um pensador neoplatônico e cristão que viveu no século IX, apresenta uma cosmologia que coloca o homem como capaz de realizar a síntese, a volta à unidade, algo incomum entre os filósofos estudados até aqui. Ele defende uma visão cosmológica, onde o Deus infinito e desconhecido gera uma série de criaturas que, no final, para ele voltarão, num processo de autorregulação. Aqui encontramos o processo de saída (*exitus*) e de retorno (*reditus*), onde a natureza humana possui papel importante, pois a palavra humana traz em si mesma as formas de todas as coisas, visto que ela é concebida como modelo e arquétipo da essência humana. Por meio dessa natureza todas as coisas são reconduzidas ao Uno (cf. KOBUSCH, 2003, p. 23).

Para Erígena, a natureza humana é capaz da síntese através da palavra, da linguagem, pode-se dizer. Recordemos que o pensador francês Teilhard de Chardin destaca mais a técnica como o agente da sintetização. É interessante notar essa semelhança, visto que, para muitos pensadores, a técnica e a linguagem constituem, juntamente, a essência humana. Uma viabiliza a outra. Técnica e linguagem são fenômenos provindos da consciência, distintos de qualquer outro na natureza conhecida do cosmos.

Anselmo de Cantuária (1033-1109), filósofo italiano, contribuiu para a filosofia ao considerar o elemento do pensamento como capaz de dar existência às coisas. Em seu grande esforço para provar a existência de Deus, levou em consideração tudo aquilo que pode existir pelo simples fato de alguém pensar que existe, formulando, dessa forma, que Deus é algo para além do qual não se pode pensar nada que seja maior. A partir de Anselmo, a dimensão do pensamento haveria sempre de ser levada em consideração pelos filósofos seguintes que se propusessem a discorrer sobre a metafísica.

Roberto Grosseteste (1168-1253), filósofo inglês e acadêmico de Oxford, apresenta uma interessante metafísica, que é denominada como a metafísica da luz, expressão cunhada em 1916 por Clemens Baeumker. Ela caracteriza e representa uma corrente para a qual todo o universo físico é constituído de luz. Desse modo, toda multiplicidade (espaço, tempo, coisas inertes e seres vivos, esferas celestes e estrelas) subsiste sob diversas formas e assume uma energia única e fundamental (cf. KOBUSCH, 2003, p. 159).

Theo Kobusch afirma que a influência das autoridades de Agostinho e São Basílio encorajou Grosseteste a aplicar a ordem "Fiat lux" à concepção de uma luz pura que tivesse antecedido a criação do Sol. De acordo com o conceito formulado pelo filósofo, tratar-se-ia de "uma substância simples e homogênea, que atuasse de maneira única, espargisse a si mesma no espaço, momentaneamente, transcendesse os outros elementos rumo a um ser espiritual e conferisse beleza a toda a 'máquina do mundo'" (p. 161).

O tema da metafísica da luz assume um papel central no pensamento de Grosseteste, sendo bem contemplado no *Hexarmerão*. Deus é luz. Ora, se ele é luz, tudo o que a ele se assemelha deve ser uma espécie de luz, principalmente o que foi criado à sua imagem. Tudo é luz, pois o ser absoluto e a luz absoluta são um só. Ele insiste e concorda com Agostinho, para quem Deus é luz num sentido essencial, não metafórico (cf. p. 161).

Em uma dialética de tipo idealista ou platônico, na qual o pensamento se move dos *sensibilia* aos *intelligibilia*, é necessário haver, de acordo com Kobusch, uma reversão da metáfora ou do conceito inicial que depende da experiência. "Nessa perspectiva fundadora, cada criatura tem uma relação interna com o criador e também uma semelhança com ele, cuja luz essencial, verdadeira e infinita a criatura reflete ou simboliza em sua própria forma finita" (p. 163-164).

Logo, toda forma existente é uma espécie de luz, pois a sua natureza inclui a iluminação, a manifestação de coisas. Tanto o devir quanto a mudança são resultados da faculdade geradora da luz atuando sobre a matéria. A luz possui essa faculdade e essa energia latente em si. Tão logo a luz existe, começa a se propagar de forma esférica. A luz tem de ser capaz de gerar, a partir de si mesma, a luz que vai além dela, espacialmente. Caso contrário, não pode mover-se para além do ponto em que está. Gerada, repete, por sua vez, essa propagação e assim por diante (cf. p. 164).

De acordo com Kobusch, esse processo, em analogia com a vida, pode ser chamado de geração ou propagação, já que a cada fase surge algo novo, e esse algo novo tem exatamente a mesma natureza que sua causa. "Em face de sua própria natureza, portanto, a luz pode ser definida como a faculdade de gerar-se a si mesma" (Ibidem).

Percebe-se que a metafísica da luz de Grosseteste pode ser passiva de uma analogia com uma análise das redes elétricas, hoje presentes no mundo inteiro. Novamente, temos de saber diferenciar entre uma teoria que pretende dar conta do cosmos inteiro, como a do filósofo medieval, e uma teoria que se propõe a pensar a eletricidade manipulada pelo homem.

Mas, deixando de lado essa distinção radical, pode-se fazer a analogia entre o pensamento de Grosseteste e o pensamento de McLuhan – de que estamos nos contraindo, nos retribalizando, através deste mundo elétrico que expande seus tecidos pelo globo, constituindo um grande tecido nervoso. Essa relação mostra como a filosofia medieval possui muitos aspectos que podem ajudar na compreensão de problemas contemporâneos. A unidade, a inter-relação entre as partes do mundo a partir da eletricidade, da luz – energia única e fundamental, nos termos do filósofo do século XII –, já era assumida fazia muito tempo.

Nicolau de Cusa

A última visita aos clássicos nos leva a Nicolau de Cusa. Sua obra *A douta ignorância* é bastante abstrata e exibe o profundo raciocínio lógico do autor, semelhantemente ao *Parmênides* de Platão, e está dividida em três livros. O primeiro teoriza sobre o máximo absoluto, o segundo sobre o universo e o terceiro sobre

Jesus Cristo. Essa obra, além de conter vários raciocínios matemáticos, apresenta alguns termos inéditos na filosofia, como o conceito de *coincidentia oppositorum*, que significa coincidência dos opostos – o que ocorre no Uno, já que ele é o máximo absoluto e nada se lhe opõe, sendo ele, dessa forma, o máximo e o mínimo, juntamente.

No segundo livro, algumas considerações sobre as criaturas podem ser ricas para o estudo em questão, se considerarmos a midiatização como uma criação da criatura humana:

> Por Deus foi dado à criatura que ela seja una, distinta e vinculada ao universo e, quanto mais una, tanto mais semelhante é a Deus. O fato de a sua unidade dar-se na pluralidade, a distinção na confusão e a conexão na discordância, não provém de Deus nem de alguma causa positiva; isso se dá contingentemente. [...] Nosso intelecto, que não logra superar os contraditórios, não alcança o ser da criatura, nem por divisão, nem por composição, conquanto saiba que o ser dela não existe senão pelo ser do máximo. Por essa razão o ser dependente não é inteligível, pois o ser do qual provém não é inteligível (CUSA, 2002, p. 113).

A criatura, dessa forma, não é unidade, pois dela provém, não é pluralidade, pois provém do Uno, nem os dois conjugados. Sua unidade cifra-se contingentemente numa pluralidade.

Nicolau de Cusa aproxima-se de Plotino com a sua concepção de que tudo quanto existe são imagens do máximo, diversas em função da contingência; o universo e suas criaturas, individualmente, são deuses inacabados, mas que existem da melhor forma possível, ou seja, em suas próprias perfeições.

Segundo Cusa, há quatro modos de ser: *absoluta necessidade* (Deus); *possibilidade*, que se identifica com a matéria; *necessidade*, ou *necessidade de conexão*, que por sua vez se identifica com a alma do mundo; e *possibilidade determinada* ou determinação atual. Dos três últimos modos "constitui-se o modo uno universal de ser, porque sem eles nada existe e um não existe em ato sem o outro" (p. 134).

Esses modos de ser, que são trinos, se excluirmos o absoluto primeiro, no universo contraído, traçam o paralelo com a trindade do máximo, que foi exposta no final dos comentários sobre o livro primeiro. É uma exposição um tanto complexa e exige uma explicação mais aprofundada.

A trindade contraída não pode ser a mesma da trindade absoluta, porquanto as correlações no contraído não são subsistentes por si. Não pode haver contração sem algo contraível e sem um contraente e sem uma conexão entre ambos, provinda de ambos.

> A contraibilidade indica uma certa possibilidade e ela provém da unidade geradora em Deus, como a alteridade deriva da unidade. Ela indica mutabilidade e alteridade, ao passo que na questão atinente à origem "nada é anterior à unidade". Com efeito, nada, que antes não possa ser, passa a ser. Parece que nada é anterior ao poder-ser. Pois, como algo existiria, se não tivesse podido existir? A possibilidade, portanto, provém da eterna unidade (p. 149).

De acordo com o filósofo, o contraente, por limitar a possibilidade do contraível, origina-se da igualdade da unidade. Ele explica que a igualdade da unidade é a igualdade do ser, pois ser e Uno são conversíveis. "Visto o contraente adequar a possibilidade, para ser contraidamente isto ou aquilo, diz-se, com razão, que isso provém da igualdade do ser que é em Deus o Verbo" (p. 149).

Para Cusa, o mesmo Verbo é razão e ideia e absoluta necessidade das coisas. E como ele, mediante tal contraente, necessita e limita a possibilidade. O contraente foi denominado de forma ou alma do mundo, e à possibilidade deu-se o nome de matéria. Há, finalmente, segundo o filósofo, a união entre contraente e contraível, ou entre matéria e forma, ou entre possibilidade e necessidade de conexão.

Tal união é realizada como que por um certo espírito de amor que os une por um certo movimento. Por alguns essa conexão soeu ser chamada de possibilidade determinada, porque, pela união da forma determinante e da matéria determinável, é determinado o poder-ser para ser em ato isto ou aquilo. É evidente que essa união provém do Espírito Santo, que é a união infinita (p. 149).

Considerações gerais

É importante perceber que o mundo superior, o mundo suprassensível, sempre vem à tona quando os filósofos antigos tratam da unidade. Hoje, pode-se muito bem falar de unidade sem uma fundamentação metafísica e, mesmo que haja tal fundamentação em qualquer doutrina, ela não é a única maneira de refletir sobre a unidade. Percebe-se que todos os filósofos trabalhados aqui, ao tratarem da unidade, remetem à metafísica. Atualmente, são visíveis e inegáveis os efeitos da globalização da midiatização, processos que potencializam as relações entre entidades, encurtando distâncias, homogeneizando massas etc.

Teilhard de Chardin, um filósofo cristão que apresenta uma metafísica original, concebe a unidade não apenas a partir do Uno, mas também a partir dos fenômenos de complexificação da matéria, compressão das massas humanas, globalização etc. Isso nos mostra que o tempo que decorreu desde nossos primeiros filósofos até os dias de hoje possibilitou que a unidade do cosmos pudesse agora ser pensada sob outros ângulos, como fez Chardin.

Outra questão que deve ser reenfatizada é a de não confundir a unidade cósmica, dos filósofos antigos, com a globalização ou a midiatização, por exemplo. A primeira, quando então pensada, englobava tudo o que há no mundo, enquanto essas novas configurações sociais, quando pensadas por teóricos das ciências sociais, possibilitam, aparentemente, apenas uma unidade entre os seres da espécie humana. Por isso o pensamento de

Teilhard de Chardin[5] é tão importante. Justamente por manter esse vínculo com o pensamento antigo, da unidade cósmica, e, ao mesmo tempo, abranger as novas formas de socialização do mundo contemporâneo. Sua teoria pode iluminar a conciliação da globalização e da midiatização, essas formas de conexão provindas da técnica humana, com um plano de unidade maior, cosmológico e, posteriormente, metafísico, que, ao fim e ao cabo, parece ser o horizonte para onde caminhamos nesse processo de midiatização da sociedade.

Pode-se entender, pois, que a midiatização da sociedade se localiza no plano do ser-no-mundo, um ser matriciado por uma nova ambiência – que está no plano físico, proporcionado pela técnica, pelo invento humano –, mas, ao mesmo tempo, ela impregna um estágio metafísico, uma demanda existente no ser humano, como parte inerente dele, independente da ambiência. Ou seja, a midiatização é resultado dessa nova ambiência, que responde a uma demanda inerente do ser humano de desprender--se de suas amarras físicas de tempo e espaço. Isto é, a midiatização é resultado da busca do ser humano por responder a uma demanda inerente a ele. Ou seja, o desejo de midiatização estava na sociedade antes do surgimento dos meios, já era potência, mas só pôde se realizar a partir do desenvolvimento desses dispositivos tecnológicos.

---

[5] Mais adiante veremos, com mais detalhes, o pensamento de Teilhard de Chardin.

I V
Complexidade e sistema

A visita realizada a alguns clássicos da concepção unitária do mundo fez-nos compreender que o modo como a realidade é encarada, concebida e analisada possui variantes adequadas à postura de cada pensador. Uns encaram e interpretam o mundo a partir de uma realidade fragmentada, analisando o todo a partir das partes. Outros, ao contrário, posicionam-se num enquadramento mais holístico e procuram compreender o sentido do mundo na sua totalidade, nas suas relações e inter-relações.

Esse fato nos introduz na problemática contemporânea que traz à consideração dos pensadores uma proposta de visão sistêmica e complexa da realidade. Agora visitaremos alguns representantes dessa corrente e com eles dialogaremos.

Humberto Maturana e Francisco Varela

A primeira visita a ser realizada é a dois pensadores, cientistas e biólogos que analisaram os seres vivos nas suas relações com o mundo das máquinas. As analogias são recíprocas e entranham conceitos e considerações que permitem compreender o momento que a sociedade humana está vivendo.

Na análise de Maturana e Varela,[1] os sistemas vivos possuem organizações mecanicistas, e delas surgem suas propriedades. Eles

---

[1] *De máquinas e seres vivos;* autopoiese – a organização do vivo. Porto Alegre: Artes Médicas, 1997.

são máquinas autopoiéticas. Nesse sentido, entendem que uma máquina autopoiética se caracteriza por ser organizada como um sistema de processos de produção de componentes concatenados. Assim, produzem componentes que geram processos, isto é, relações de produção que produzem esses componentes através de contínuas interações e transformações e constituem a máquina como uma unidade no espaço físico.

> Por conseguinte, uma máquina autopoiética continuamente especifica e produz sua própria organização através da produção de seus componentes, sob condições de contínua perturbação e compensação dessas perturbações (produção de componentes). Podemos dizer, então, que uma máquina autopoiética é um sistema auto-homeostático que tem sua própria organização como a variável que mantém a constante (p. 71).

Nesse sentido, conforme os autores, as máquinas autopoiéticas são unidades cuja organização fica definida por uma concatenação particular de processos – ou relações – de produção de componentes, que é a concatenação autopoiética, e não pelos componentes mesmos ou suas relações estáticas. Para eles, as relações de produção de componentes somente existem como processos. Nesse caso, se esses processos se imobilizarem, desaparecerão as relações de produção. Então, para que uma máquina seja autopoiética, as relações de produção devem ser continuamente *re*geradas pelos componentes que produzem. Entretanto, para que esses processos constituam uma máquina, eles devem estar concatenados para constituir uma unidade (cf. Ibidem).

De acordo com Maturana e Varela, isso só é possível na medida em que os componentes que elas produzem se concatenem e especifiquem uma unidade no espaço físico. Ou seja, "a concatenação autopoiética de processos numa unidade física diferencia as máquinas autopoiéticas de todo outro tipo de unidade" (Ibidem).

Os autores explicitam a sua compreensão de uma organização autopoiética, que significa "simplesmente processos concatenados de uma maneira específica tal que os processos concatenados produzem os componentes que constituem o sistema e especificam como uma unidade" (Ibidem).

É importante reter essa definição, pois ela poderá fornecer os elementos constitutivos que permitirão estabelecer uma compreensão dos processos midiáticos tal como hoje são vividos.

As máquinas autopoiéticas, na compreensão de Maturana e Varela, apresentam características particulares quando comparadas às alopoiéticas. Elas são autônomas, possuem individualidade, têm organização própria e ausência de finalidade e não possuem entrada nem saída.

Isto é, são máquinas autônomas porque seus processos e mudanças se dão em função da manutenção de sua própria organização, enquanto as máquinas alopoiéticas produzem algo diferente delas mesmas. Possuem individualidade, porque conservam uma identidade que não depende da interação com o observador; já a identidade das máquinas alopoiéticas depende do observador. Por isso mesmo, os limites e a constituição como unidade das máquinas autopoiéticas são dados por sua própria organização autopoiética, que, como tal, tem ausência de finalidade.

Ao afirmarem que são máquinas que não possuem entrada nem saída, os autores dizem que podem ocorrer perturbações externas e mudanças internas que compensem tais perturbações, mas tais mudanças ocorrem sempre no sentido de manter a organização da máquina, destacando que "toda relação entre tais trocas e a série de perturbações que possamos assinalar pertence ao domínio em que é observada a máquina, e não à sua organização" (cf. p. 73).

Aqui é importante que nos detenhamos mais longamente na compreensão da fenomenologia biológica que Maturana e Varela explicitam em suas pesquisas. Para eles, toda a fenomenologia biológica é necessariamente determinada e realizada por indivíduos (quer dizer, por unidades autopoiéticas no espaço físico), e consiste em todas as séries de transformações que eles podem experimentar como sistemas homeostáticos, isoladamente ou em grupos, no processo de manter constantes suas relações definitórias individuais (p. 91).

Os dois cientistas afirmam que o fato de as unidades autopoiéticas constituírem ou não unidades adicionais, no processo de suas interações, não tem a menor importância para a subordinação da fenomenologia biológica à conservação da identidade dos indivíduos.

De fato, se uma nova unidade que não é autopoiética é produzida, sua fenomenologia – que necessariamente dependerá de sua organização – será biológica ou não segundo sua dependência em relação à autopoiese de seus componentes, e, de acordo com isso, dependerá ou não da manutenção desses componentes em qualidade de unidades autopoiéticas. Se a nova unidade é autopoiética, sua fenomenologia é diretamente biológica e obviamente depende da preservação de sua autopoiese, a qual, por sua vez, pode ou não depender da autopoiese de seus componentes (Ibidem).

Desse modo, a identidade de uma unidade autopoiética se mantém enquanto ela continua sendo autopoiética. Tais considerações sobre a unidade de um sistema autopoiético e sua fenomenologia podem ser válidas para a teoria que busca considerar sistemas sociais como sistemas autopoiéticos, como é o caso da teoria dos sistemas, de Luhmann. Se pensássemos a midiatização da sociedade, a sociedade em rede como um grande sistema autopoiético, um sistema de ordem superior, talvez de terceira ordem, deveríamos levar em consideração as partes constituintes desse sistema, por exemplo. Dentre suas partes constituintes, o que são unidades autopoiéticas e o que não são? Essas são algumas das questões que poderiam ser analisadas.

Igualmente, é necessário detalhar as questões que envolvem os sistemas autopoiéticos de maior ordem, tal como são abordados por Varela e Maturana. Explicando os sistemas autopoiéticos de maior ordem, os autores sublinham que pode haver interações entre as várias unidades. Dessas interações pode surgir uma nova unidade. Se houver uma perda de identidade das unidades interatuantes na formação da nova unidade, não há um acoplamento das unidades em um domínio. No entanto, se as unidades mantiverem suas identidades em seus respectivos domínios, as interações a partir dessas unidades podem dar origem a uma nova unidade, através de um acoplamento. A natureza dos acoplamentos nos seres vivos é determinada por sua organização autopoiética, como se mostrará a seguir. Tal acoplamento se realiza mediante sua autopoiese. Nesse caso, é possível a seleção para o acoplamento. Por meio dessa evolução pode desenvolver-se um sistema composto onde a autopoiese individual de cada um de seus componentes está subordinada a um ambiente determinado pela autopoiese de todos os integrantes autopoiéticos da unidade composta (cf. p. 104).

Entretanto, Maturana e Varela precisam que o resultado de tal acoplamento é um sistema autopoiético. Mas, para que isso aconteça, a unidade deve constituir-se no espaço físico por meio de sua própria produção dos componentes que irão realizar a autopoiese de maneira constante e não por uma produção externa (p. 105). "Um sistema autopoiético cuja autopoiese implica a autopoiese das unidades autopoiéticas que o geram é um sistema autopoiético de ordem superior. Se tal sistema é autopoiético no espaço físico, é um sistema vivo" (p. 104).

Em geral, o reconhecimento efetivo de um sistema autopoiético oferece dificuldades cognoscitivas que têm a ver com a capacidade do observador para reconhecer as relações que definem o sistema como unidade, e com sua capacidade para distinguir as fronteiras que o limitam no espaço em que ocorre, qualquer que seja este. Mais ainda, para discriminar um sistema autopoiético é condição necessária que o observador realize uma operação de diferenciação que defina os limites do sistema no mesmo espaço (domínio fenomenológico) em que este fica constituído como unidade.

> Assim, por exemplo, atualmente o reconhecimento de uma célula como unidade autopoiética no espaço físico não oferece qualquer dificuldade, porque não apenas podemos identificar sua organização autopoiética em nível bioquímico como também podemos interatuar com ela visual, mecânica e quimicamente na interface que define com sua autopoiese em tal espaço. Com outros sistemas não acontece o mesmo. Assim, por exemplo, ainda não sabemos se existe um espaço social em que uma sociedade constitua uma unidade autopoiética, nem quais seriam seus componentes em dito espaço, ainda que saibamos que toda sociedade possui mecanismos de automatização (Ibidem).

As dificuldades que um observador pode encontrar na distinção de um sistema autopoiético são de dois tipos. O primeiro diz respeito ao não reconhecimento das relações topológicas que definem o sistema como unidade e o segundo, à incapacidade de interatuação no espaço autopoiético, por causa da sua própria estrutura cognoscitiva. Os autores ressaltam que, em ambos os casos, a fenomenologia do sistema autopoiético é inobservável. "Pelo contrário, se o sistema é identificado conceitualmente, ainda que sua unidade não seja observável, é possível induzir sua fenomenologia ao reconhecer sua organização (p. 106).

Para os dois cientistas, um sistema autopoiético pode chegar a ser componente de outro sistema se algum aspecto de sua trajetória de trocas autopoiéticas pode participar na realização desse outro sistema. Como foi dito, isso pode ocorrer no presente, por meio de um acoplamento, ou através da evolução, mediante o efeito recorrente de uma pressão seletiva constante sobre o processo de transformação de uma rede histórica reprodutiva. "Seja como for, um observador pode descrever um integrante autopoiético de um sistema composto como representando um papel alopoiético na realização do sistema maior que esse componente contribui para realizar com sua autopoiese" (p. 106).

Vale ressaltar que a dimensão alopoiética de uma unidade autopoiética serve como descrição para o observador. Entretanto, se a autopoiese das unidades integrantes de um sistema autopoiético composto configuram papéis alopoiéticos que definem um espaço autopoiético mediante a produção de relações constitutivas de especificidade e de ordem, o novo sistema passa a ser uma unidade autopoiética de segunda ordem. Os sistemas autopoiéticos componentes passam a ser subordinados à conservação da autopoiese da unidade autopoiética de ordem superior mediante seu acoplamento (cf. p. 107).

Para Maturana e Varela, se o sistema autopoiético de ordem superior experimenta autorreprodução, inicia-se um processo evolutivo, "no qual a evolução do modelo organizativo dos sistemas autopoiéticos componentes está necessariamente subordinada à evolução do modelo organizacional da unidade composta" (p. 107). Eles esclarecem que a autorreprodução pode ocorrer tanto por uma de suas unidades autopoiéticas integrantes como por outro meio. Para os dois pensadores, é previsível que, dadas as circunstâncias apropriadas, as unidades autopoiéticas de ordem superior se formem por seleção.

> Efetivamente, se o acoplamento surge como uma maneira de satisfazer a autopoiese, uma unidade de segunda ordem formada a partir de sistemas autopoiéticos anteriores será tanto mais estável quanto mais estável for o acoplamento. No entanto, a condição mais estável de todas para o acoplamento se apresenta se a organização da unidade acopla-se precisamente para manter essa organização, quer dizer, se a unidade se torna autopoiética (Ibidem).

Esses pensadores constatam que existe uma pressão seletiva sempre presente para a constituição de sistemas autopoiéticos de ordem superior com base no acoplamento de unidades auto-poiéticas de ordem inferior, que na terra é visível na origem dos organismos multicelulares e, talvez, na origem da célula mesma.

Os autores em questão trazem um problema com relação às implicações epistemológicas do conceito de autopoiese. Isso vem expresso quando afirmam que a dependência da fenomenologia biológica em relação à organização do indivíduo pode ter outras implicações sociológicas. Perguntando se há sistemas autopoiéti-cos de segunda e terceira ordem no âmbito do que acontece com a sociedade humana, eles dizem que tal pergunta ainda não pode ser respondida adequadamente, e fazem duas considerações gerais.

A primeira é que, hipoteticamente falando, se a humanidade tivesse de passar a ser um sistema autopoiético constituído de seres humanos, a unidade constante através do seu próprio funcionamento seria a sociedade, aplicável a tudo o que se afirma a respeito dos sistemas viventes enquanto unidade (cf. p. 115). Nesse caso,

> a fenomenologia individual dos homens enquanto componentes estaria subordinada à autopoiese da sociedade, e sua própria autopoiese estaria restrita a que satisfaz o papel alopoiético dos indivíduos dentro dela. *"Qualquer coisa pelo bem da humanidade"*, seria a justificação *"ética"* da ação humana (Ibidem).

Na segunda consideração, eles dizem que, ainda que isso seja possível, e uma vez estabelecida, pode ser muito difícil para os homens interferirem na dinâmica autopoiética da sociedade que constituem. Afinal, uma sociedade autopoiética é somente uma das maneiras pelas quais podem concatenar-se os processos gerados pelos seres humanos.

> Efetivamente, sabemos que uma sociedade formada segundo um dese-nho arbitrário será biologicamente válida enquanto satisfaça a auto-poiese de seus membros. Assim, poderíamos imaginar uma sociedade

internacionalmente constituída pelos seus componentes como um sistema alopoiético que ativamente nega toda hierarquização sistemática entre eles, e cuja função seria satisfazer suas necessidades materiais, intelectuais e estéticas fornecendo-lhes um meio interessante para sua existência como sistemas dinâmicos e mutáveis (Ibidem).

Para os dois cientistas, é claro que o problema da relação entre a fenomenologia biológica e a social não pode ser respondido adequadamente. Esse problema fica em aberto por eles com a seguinte pergunta: "[...] até que ponto a fenomenologia social pode ser considerada fenomenologia biológica?" (p. 115). Embora essa pergunta seja perfeitamente cabível aqui, ela não invalida o uso das profundas reflexões dos dois cientistas para efeito de nosso estudo sobre o processo de midiatização da sociedade. Ao contrário, tais reflexões apontam elementos essenciais à compreensão de uma sociedade que se complexifica cada vez mais, a partir das novas tecnologias da comunicação, como um sistema de inter-relações, como um fenômeno que se desenvolve a partir de elementos externos, mas também que se autodesenvolve a partir da produção que ela própria engendra, criando novas realidades, que, embora no plano da virtualidade, incidem sobre a realidade física.

Niklas Luhmann

Outro pensador que aborda a questão do sistema, fazendo uma incursão no mundo da complexidade, é Niklas Luhmann. O esforço do sociólogo alemão foi no sentido de formar uma teoria geral da sociedade, usando para este fim a teoria dos sistemas, muito embora ele próprio afirme que "não existe propriamente uma teoria geral de sistemas" (2011, p. 59). O autor pontua, no entanto, que há diferentes aspectos parciais dessa teoria e, então, apresenta modelos gerais da teoria dos sistemas que repercutiram no campo da sociologia (2011, p. 60).

Luhmann entende que, para se compreender a sociedade, que é complexa, necessita-se de uma abordagem igualmente complexa. Para ele, o sistema é o mediador entre a extrema complexidade do mundo e a pequena capacidade do homem para assimilar todas as formas de organização e de vivência.

O pensador classifica os sistemas autorreferentes em três tipos fundamentais: os sistemas vivos, partindo mesmo da biologia, com os estudos de Maturana e Varela; os sistemas psíquicos, que dizem respeito à consciência; e os sistemas sociais, que são os que mais nos interessam neste trabalho, uma vez que, segundo Luhmann, o traço característico de tais sistemas é a comunicação.

O elemento central de sua teoria é a *comunicação*. Os sistemas sociais são sistemas de comunicação, e a sociedade é o sistema social mais abrangente. Para o autor, o sistema social é um sistema autopoiético, fechado e autorreferenciado, composto de comunicações e não de pessoas. Essa convicção é bastante intrigante e vai ao encontro da fenomenologia biológica de Maturana e Varela quando reconhece um sistema por seus mecanismos em vez de por sua unidade física.

> A compreensão desse nível de solicitações do conceito de *autopoiesis* é importante, uma vez que na discussão sempre se enfatiza o argumento de que o ser humano é condição necessária, por exemplo, para a *poiesis* da comunicação. Tal argumento não se ajusta a esses preceitos teóricos (2011, p. 122).

Para explicar tal afirmação, o autor destaca que "o conceito de *poiesis*, tomado no sentido estrito, é a produção de uma obra; o acréscimo da palavra *auto* define que a obra constitui o próprio sistema" (2011, p. 122). No conceito de *autopoiesis*, explica ele, a produção consiste em produzir-se a si mesmo.

Ao fazer considerações sobre os sistemas autopoiéticos operacionalmente fechados, Luhmann afirma que um sistema não é meramente uma unidade, mas uma diferença. "Para poder ser situado, um sistema (unidade) precisa ser diferenciado. Portanto, trata-se de um paradoxo: o sistema consegue produzir sua própria unidade na medida em que realiza uma diferença" (2011, p. 101). Para entender esse fenômeno é preciso compreendê-lo como uma forma que possui dois lados: o sistema e o meio (o ambiente).

O sistema opera no lado interno da forma; produz operações somente em si mesmo, e não do outro lado da forma. Entretanto, o operar dentro do lado interno (portanto, no sistema), e não no meio, pressupõe que o meio exista e esteja situado do outro lado da forma (2011, p. 102).

Na realidade, um sistema é definido pela fronteira dele mesmo com o meio, ou *ambiente*, separando-o de um exterior infinitamente complexo. Para o autor, o interior do sistema é uma zona de redução de complexidade. No interior do sistema, a *comunicação* opera selecionando, a partir do sentido, apenas uma quantidade de informação disponível no exterior. E quanto mais complexos forem esses sistemas – poderíamos dizer, esses subsistemas da sociedade –, mais aumentam, simultaneamente, a autonomia e a dependência a partir das interferências do meio – do ambiente ou, ainda, do entorno. Essa situação explica o fato de os sistemas políticos, econômicos, serem tão dependentes e interdependentes com relação ao meio. Quando a economia não funciona, a política enfrenta problemas. A recíproca é verdadeira, pois a política necessita de garantias oferecidas pela economia (cf. 2011, p. 127).

A compreensão de que esses subsistemas da sociedade seguem suas próprias regras, de alguma maneira independentemente dos seres humanos, leva-nos a alguns questionamentos sobre o modo como podemos compreender a midiatização da sociedade. Será que ela constitui um subsistema da sociedade, o subsistema dos meios de comunicação? Como podemos conceber a midiatização a partir dessa visão de Luhmann?

Para isso convém tomar outro conceito presente na teoria de Luhmann: o de acoplamento estrutural, segundo o qual o meio (ou ambiente) não influencia na *autopoiesis*, ele apenas perturba o sistema, que recebe tais perturbações, as faz informações e, a partir daí, age. Para exemplificar esse processo, ele explica que justamente por não manter contato com o ambiente é que o cérebro pode conhecê-lo. E, de acordo com Luhmann, se esse princípio vale para o cérebro, vale também para os sistemas baseados neles: psíquico e social.

Luhmann reforça que toda informação depende de categorizações que demarcam espaços de possibilidades. "Nesses espaços é pré-estruturado o campo de escolhas para aquilo que pode ocorrer como comunicação" (2005, p. 40), e afirma que a informação, como tal, é o que antecede e sucede a irritação, e só é obtida no contexto de um sistema. A irritabilidade do sistema e a consequente capacidade de elaborar informações aumentam pela ação dos meios de comunicação. A complexidade dos contextos de sentidos é elevada por esses meios. A sociedade se expõe à irritação por meio de diferenças autoproduzidas. A produção da irritabilidade dá-se tanto por meio de horizontes de expectativas como por espaços de indeterminação. No primeiro caso, os horizontes asseguram possibilidades de normalidade, mas, em casos isolados, podem ser rompidos por acasos incidentes e acidentes. No segundo caso, os espaços são reproduzidos continuamente como necessidades de preenchimento. Nos dois casos, trata-se de autopoiese, isto é, reprodução da comunicação com base nos resultados da comunicação (cf. 2005, p. 138-139).

A comunicação é uma operação provida da capacidade de se auto-observar, e "deve comunicar ao mesmo tempo que ela própria é uma comunicação" (2011, p. 20). Deve dar ênfase a quem e ao que foi comunicado, para que a comunicação articulada possa ser determinada e possa dar continuidade à *autopoiesis*, explica Luhmann. Como operação, a comunicação não apenas produz uma diferença, mas também usa uma distinção entre o ato de comunicar e a informação. As consequências dessa ideia são de grande importância. O ato de comunicar é elaboração de um observador. É a elaboração do sistema da comunicação que observa a si mesmo. Mas também significa que os sistemas sociais só podem ser construídos como sistemas que se observam a si mesmos (cf. 2011, p. 20).

Para o autor, a comunicação é uma realidade emergente, um estado de coisas *sui generis*. Por isso, "a linguagem não pode ser entendida como transmissão de algo, mas sim como uma super-coordenação da coordenação dos organismos" (2011, p. 294). Obtém-se a comunicação, segundo ele, mediante uma síntese de três diferentes seleções: a seleção da informação; a seleção do ato de comunicar; e a seleção realizada no ato de entender, ou não entender, a informação e o ato de comunicar.

> Nenhum desses componentes, isoladamente, pode constituir a co-municação. Esta só se realiza quando essas três sínteses se efetuam. Portanto, a comunicação acontece exclusivamente no momento em que se compreende a diferença entre *informação* e *ato de comunicar*. Isso distingue a comunicação da percepção em si que temos do outro, ou dos outros (2011, p. 297).

No entanto, a percepção é o fenômeno físico cuja existência não necessita de comunicação. "A percepção permanece sub-jugada no fechamento da consciência, e é totalmente invisível tanto para o sistema de comunicação como para a consciência dos outros" (2011, p. 298). O que se enfatiza é a verdadeira *emergência* da comunicação.

> Não há propriamente transmissão de alguma coisa; mas sim uma redundância criada no sentido de que a comunicação inventa a sua própria memória, que pode ser evocada por diferentes pessoas, e de diferentes maneiras (2011, p. 299).

Assim compreendida, lembra Luhmann, a comunicação é um sistema autopoiético que, ao reproduzir tudo o que serve de unidade de operação ao sistema, reproduz-se a si mesmo.

> O sistema de comunicação determina não só seus elementos – que são, em última instância, comunicação –, como também suas próprias estruturas. O que não pode ser comunicado não pode influir no sistema. Somente a comunicação pode influenciar a comunicação; apenas ela pode controlar e tornar a reforçar a comunicação (2011, p. 301).

Para a teoria dos sistemas, a função da comunicação reside em "tornar provável o altamente improvável: a *autopoiesis* do sistema de comunicação, (que se denomina) sociedade" (2011, p. 306). Com a comunicação se obtém uma bifurcação da realidade, não o consenso. Cada entendimento da comunicação pode ser ou uma premissa para rechaçá-la ou para realizar a próxima comunicação. Nesse caso, a comunicação está tanto ao *sim* como ao *não*. Por isso, a comunicação não pode se converter numa espécie de retórica persuasiva, mas deve estar aberta como opção tanto de sua aceitação como de sua negação. O processo comunicacional não deve obrigar a que se considere a comunicação como um valor (cf. 2011, p. 307).

Para o autor, comunicações informativas são elementos autopoiéticos que servem à reprodução desses mesmos elementos. Em cada operação, diz ele, são reproduzidos descontinuidade, surpresa, decepções agradáveis e desagradáveis. Desse modo, uma dimensão dominante de sentido é constituída pelo tempo, onde se distingue passado e futuro, antes e depois. A ligação entre os dois polos é instituída artificialmente. O diferencial entre esses horizontes é constituído pelo presente. Ele não é passado nem presente, mas o lugar onde as informações são consolidadas e as decisões, tomadas (cf. 2005, p. 139).

Luhmann esclarece que já não se trata mais da velha dualidade entre *ser* e *aparência*, que podia ser resolvida ontologicamente ou que remetia, enquanto religião, ao Deus transcendental. "Pelo contrário, trata-se de uma compressão da realidade que a assume como uma forma de dois lados, do 'que' e do 'como', de 'o que é observado' e de 'como é observado'" (2005, p. 141). E isso, segundo o autor, corresponde exatamente à observação da comunicação levando-se em consideração a diferença entre informação e sinalização. E aqui o autor parece um pouco pessimista com o processo de midiatização da sociedade.

> A realidade dos meios de comunicação é a realidade da observação de segunda ordem. Ela substitui declarações do saber garantidas em outras formações sociais por meio de posições excepcionais de observação: pelos sábios, pelos sacerdotes, pela nobreza, pela cidade, pela religião ou pelas formas de vida que se distinguem pela ética e pela política. A diferença é tão gritante que não se pode falar nem de decadência nem de progresso (2005, p. 141-142).

Destacando que se trata de uma mudança cultural profunda, Luhmann afirma que as construções de realidade oferecidas pelos meios de comunicação têm efeitos de instituir uma ordem em relação àquilo que em sociedade pode ser observado como liberdade. E, principalmente, "em relação à questão de como são distribuídas as chances do agir que é atribuível a cada um em sociedade" (2005, p. 144).

Como se observa, o autor chega ao processo de midiatização da sociedade partindo da análise do sistema e não dos dispositivos tecnológicos da comunicação, que são entendidos como externos ao sistema, e não como parte do sistema que é, em si e somente, a comunicação.

No entanto, ao apontar vários obstáculos relacionados aos limites geográficos da sociologia, ele destaca que a comunicação determina o significado restante do espaço e não o contrário. Parece que os obstáculos relacionados a pessoas fazem parte da sociedade, e a necessidade de se pensar através da separação entre sujeito e objeto recebe aqui bons esclarecimentos, pois o conceito de sociedade constituída de comunicação exclui pessoas e possibilita auto-observação e autodescrição. Mesmo simples, a comunicação só é possível numa rede de conexão recursiva de comunicação passada e futura, as quais, de alguma maneira, se fazem presentificadas.

Edgar Morin

Depois de abordar a questão sistêmica, com os pensadores Maturana e Varela, e tratar da questão que envolve sistema e complexidade, decidimos realizar uma incursão ao mundo da complexidade a partir do pensamento de Edgar Morin, para quem pensar a midiatização da sociedade a partir de uma concepção de complexidade é uma tarefa atual da ciência da comunicação.

Primeiramente, esclareçamos o que é o pensamento complexo e como ele pode se relacionar com os estudos da comunicação, de acordo com Edgar Morin.[2] Em sua obra, o pensador francês realiza uma crítica à ciência moderna, que, segundo ele, se pauta pelo *paradigma da simplicidade*, que é caracterizado pela disjunção, redução e abstração. Muito embora esse paradigma tenha proporcionado sucesso, no século XX seus problemas começaram a se revelar. Tal paradigma, segundo o autor, não pode conceber a unidade do Uno e do Múltiplo. Ou anula a diversidade, ao unificar abstratamente, ou insere a diversidade sem conceber a unidade. Desse modo, há uma mutação no conhecimento, cada vez menos preparado para ser refletido e discutido pelos espíritos humanos. Ao mesmo tempo, está cada vez mais preparado para a incorporação nas memórias informacionais, mais suscetíveis à manipulação por poderes anônimos, principalmente os Estados. A incapacidade de conceber a complexidade da realidade do ser

---

[2] MORIN, Edgar. *Introdução ao pensamento complexo*. Trad. Dulce Matos. 4. ed. Lisboa: Instituto Piaget, 2003. As citações de Morin, aqui, advêm todas dessa obra.

individual no conjunto planetário da humanidade é a causadora de inúmeras tragédias, conduzindo ao que chama de *tragédia suprema* (cf. p. 17).

Esclarecidos os problemas do atual paradigma, Morin expõe sua tese, a qual remete à necessidade de um pensamento complexo. Ao perguntar sobre o que é complexidade, o autor afirma que se trata de um tecido – que ele chama de *"complexus*: o que é tecido em conjunto" – de constituintes heterogêneos inseparavelmente associados, isto é, que enseja o paradoxo do Uno e do Múltiplo. Morin aponta, ainda, uma segunda abordagem, na qual a complexidade é, efetivamente, o tecido de acontecimentos, ações, interações, retroações, determinações, acasos, que constituem o nosso mundo fenomenal.

> A complexidade apresenta-se com os traços inquietantes da confusão, do inextricável, da desordem, da ambiguidade, da incerteza. Daí a necessidade, para o conhecimento, de pôr ordem nos fenômenos ao rejeitar a desordem, de afastar o incerto, isto é, de selecionar os elementos de ordem e de certeza, de retirar a ambiguidade, de clarificar, de distinguir, de hierarquizar. Tais operações, necessárias à inteligibilidade, correm o risco de torná-la cega se eliminarem os outros caracteres do *complexus*; e efetivamente, como o indiquei, elas tornaram-nos cegos (p. 20).

O que mais se salienta é precisamente a característica do *complexus* de conter em seu bojo incertezas e desordens. Deve-se abandonar a pretensão científica de dar conta de tudo e tomar consciência dos limites de nosso conhecimento, buscando novas formas de conhecer, que não excluam os princípios de incertezas e desordens. Ao contrário, que saibam trabalhar com eles, que constituem, assim como a certeza e a ordem, a complexidade do mundo. Segundo Morin (p. 21), a complexidade voltou, nas ciências, pela mesma via que a tinha banido. Explica ele que o próprio desenvolvimento da ciência física, que se dedicava a revelar a ordem do mundo, o seu determinismo absoluto e perpétuo, a sua obediência a uma Lei única e a sua constituição de uma maneira primeira simples (o átomo), desembocou na complexidade do real.

Para o autor, o simples, isto é, as categorias da física clássica que constituíam o modelo de qualquer ciência, não é mais o fundamento de todas as coisas, mas uma passagem, um momento entre complexidades, a complexidade microfísica e a complexidade macro-cosmo-física (p. 28).

Mas a necessidade de fazer ciência com tais princípios, ou de buscar o conhecimento complexo, não é algo simples de ser realizado, tampouco algo rápido. Morin tem consciência disso e já aponta algumas ferramentas, caminhos e posições que o cientista pode tomar. Destaques são dados às teorias dos sistemas e ao conceito de autopoiese, de auto-organização.[3]

Dentre as virtudes sistêmicas entendidas por Morin está a de se situar em um nível transdisciplinar, que permite simultaneamente conceber a unidade da ciência e a diferenciação das ciências, não apenas segundo a natureza material do seu objeto, mas também segundo os tipos e as complexidades dos fenômenos de associação/organização; a de conceber que o organismo vivo, por possuir auto-organização, deve ser estudado em si e em sua relação com o meio; e a de pensar sistemas abertos, os quais pressupõem uma interdependência entre sistema e ecossistema, o que evita a separação e anulação do sujeito e do objeto. Para o autor, a complexidade pressupõe novas formas de relação sujeito-objeto. A relação do sujeito com o mundo e com o objeto é caracterizada por Morin como o mundo estando dentro do nosso espírito enquanto este está no interior do mundo. Sujeito e objeto são constitutivos um do outro. Não obstante, isso não nos conduz a uma visão unificadora nem nos permite escapar de um princípio de uma incerteza generalizada. Na microfísica,

---

[3] Os quais foram vistos mais detalhadamente antes, na obra de Luhmann, que aplica essas teorias à sociedade.

o observador perturba o objeto, e este, por sua vez, perturba a sua percepção. No caso das noções de sujeito e objeto, elas são profundamente perturbadas uma pela outra. Nesse caso, cada uma abre uma brecha na outra (cf. p. 65).

Para o autor, há uma incerteza fundamental, ontológica, sobre a relação entre o sujeito e o meio, e só ela pode resolver a decisão ontológica absoluta (falsa) sobre a realidade do objeto, ou a do sujeito. Explicando que da relação complexa do sujeito e do objeto, e do caráter insuficiente e incompleto de uma e outra noção, emerge uma nova concepção, Morin afirma que o sujeito deve permanecer aberto, desprovido de um princípio de resolubilidade nele mesmo. O próprio objeto – insiste ele – deve permanecer aberto sobre o sujeito, de um lado, e, do outro, sobre o seu meio, que, por sua vez, se abre necessariamente e continua a abrir-se para lá dos limites do nosso entendimento.

Percebe-se, aqui, a proximidade desse pensamento complexo com o pensamento antigo, no que diz respeito à unidade entre sujeito e objeto, tal como estudada anteriormente, nos escritos platônicos, sob o nome de teoria da participação. É interessante notar como a complexidade retoma, de certa forma, o pensamento da unidade cultivado na Idade Média e trabalhado pelos filósofos antigos.

Não somente no que se refere à relação entre sujeito e objeto, mas também no conceito de *Unitas multiplex*, há uma proximidade entre o pensamento complexo e o da unidade, conhecendo-se a tese antiga de que o Uno contém o Múltiplo e vice-versa. É o que podemos perceber quando Morin reivindica a necessidade de ver o Múltiplo podendo ser Uno e o Uno podendo ser Múltiplo, bem como quando propõe uma dialética entre o pensamento analítico--reducionista e o pensamento da globalidade, ultrapassando as alternativas clássicas.

O novo paradigma, o da complexidade, deve conter em si três princípios básicos. Um é o *Dialógico*, em que a organização da vida, a ordem e a desordem são inimigas, mas certas vezes colaboram. Morin enfatiza que "o princípio dialógico permite-nos manter a dualidade no seio da unidade" (p. 107).

Outro princípio é o da *Recursão organizacional*, no qual os produtos e os efeitos são ao mesmo tempo causas e produtores daquilo que os produziu. De acordo com o autor, somos, como indivíduos, os produtos de um processo de reprodução que é anterior a nós. No entanto, uma vez que somos produzidos, tornamo--nos os produtores do processo que vai continuar. Para Morin, tal ideia é válida também sociologicamente, pois a sociedade é produzida pelas interações entre indivíduos e, uma vez produzida, ela retroage sobre os indivíduos e os produz. Sociedade, cultura, linguagem e saber adquirido é que nos definem como indivíduos humanos. Há uma inter-relação entre indivíduo e sociedade que se constitui mutuamente. Ambos são produzidos e produtores (2003, p. 108).

> A ideia recursiva é, portanto, uma ideia em ruptura com a ideia linear de causa/efeito, de produto/produtor, de estrutura/superestrutura, uma vez que tudo o que é produzido volta sobre o que produziu num ciclo ele mesmo autoconstitutivo, auto-organizador e autoprodutor (Idem, ibidem).

O terceiro princípio proposto por Morin é o *Hologramático*. Por ele, não apenas a parte está no todo, mas o todo está na parte. Tal princípio apresenta-se tanto no mundo biológico quanto no mundo sociológico.

Os princípios *Dialógico*, *Recursão organizacional* e *Hologramático* clarificam a retomada de uma visão mais unitária, estando todos os três contidos nas teorias antigas estudadas no projeto. O segundo e o terceiro princípio se adéquam muito bem ao estudo da midiatização. A sociedade em rede mostra-nos, na prática, a recursão organizacional e o princípio hologramático.

Por fim, vale destacar duas observações de Morin: uma sobre a idade de ferro planetária e a outra sobre a importância da migração dos conceitos, como visto na teoria dos sistemas, de Luhmann.

> A idade de ferro planetária indica que entramos na era planetária onde todas as culturas, todas as civilizações estão doravante em interconexão permanente. E ao mesmo tempo indica que, apesar das intercomunicações, se está numa barbárie total nas relações entre raças, entre culturas, entre etnias, entre potências, entre nações, entre superpotências (2003, p. 172).

De acordo com esse pensamento, é importante que os conceitos viajem, mesmo clandestinamente, sem ser barrados, de uma disciplina a outra. "Segundo Mendelbrot,[4] as grandes descobertas são o fruto de erros no *transfert* dos conceitos de um campo para outro, operados pelo pesquisador de talento" (2003, p. 170).

Manuel Castells

O mesmo problema da sociedade em rede preocupa e ocupa a reflexão de Manuel Castells. Em *A galáxia da internet*,[5] ele afirma que "a Internet é a expressão de nós mesmos através de um código de comunicação específico, que devemos compreender se quisermos mudar nossa realidade" (p. 11).

Destacamos dessa obra aquilo que diz respeito à rede, cujo conceito pode ser relacionado com os conceitos de noosfera, de sistema, de complexidade e alguns outros. Na abertura do livro,

---

[4]   O correto é Mandelbrot, de Benoît Mandelbrot (N.E.).
[5]   CASTELLS, Manuel. *A galáxia da internet*; reflexões sobre a internet, os negócios e a sociedade. Trad. Maria Luiza X. de A. Borges. Rio de Janeiro: Jorge Zahar Ed., 2003.

Castells apresenta uma explicação do conceito de rede baseada na conclusão de que a era da informação é caracterizada pela rede, a qual se constitui como uma excelente ferramenta de organização.

> A Internet é o tecido de nossas vidas. Se a tecnologia da informação é hoje o que a eletricidade foi na Era Industrial, em nossa época a Internet poderia ser equiparada tanto a uma rede elétrica quanto ao motor elétrico, em razão de sua capacidade de distribuir a força da informação por todo o domínio da atividade humana (p. 7).

Nesse sentido, a compreensão do conceito de rede é fundamental. Segundo o autor, uma rede é um conjunto de nós interconectados. Os seres humanos há muito tempo procuram formar redes. Entretanto, o conceito de redes, hoje, adquire uma nova vida, em virtude da energização ocasionada pela Internet. Hoje, o fato da introdução das informações e das tecnologias de comunicação permite que as redes exerçam sua flexibilidade e adaptabilidade, afirmando sua natureza revolucionária. Isso acontece graças ao computador (cf. p. 7).

O fenômeno e a realidade de toda a gama de derivados da Internet, da rede mundial de computadores, levam Castells a trazer Marshall McLuhan à baila. Enfatizando que a Internet é um meio de comunicação que permite, pela primeira vez, a comunicação de muitos com muitos, num dado momento escolhido e em escala global, Castells destaca que, assim como a difusão da máquina impressora no Ocidente criou o que McLuhan chamou de a "Galáxia de Gutenberg", agora ingressamos num novo mundo de comunicação, a "Galáxia da Internet". Todas as atividades, tanto econômicas como sociais, políticas e culturais, são estruturadas pela Internet e em torno dela. Ser excluído dessas redes ocasiona uma das formas mais nefastas de exclusão, tanto na economia como na cultura (cf. p. 8).

Castells deixa claro que a compreensão da Internet, sob o ponto de vista teórico, é limitada, por causa da velocidade com que ela se expande e se desdobra. Mesmo assim, os esforços do autor são válidos porque o objetivo estritamente analítico da obra leva-nos ao conhecimento daquilo a que se pode ter acesso. Como justificativa, o sociólogo esclarece que o ponto de partida dessa análise é que as pessoas, as instituições, a sociedade em geral, transformam a tecnologia na medida em que dela se apropriam, modificando-a e experimentando-a. Essa lição ensinada pela história social e pela tecnologia adquire fator mais relevante com o caso da Internet como tecnologia da comunicação. É a linguagem humana que faz a especificidade biológica da espécie. Como isso é realizado pela comunicação, o modo como nos comunicamos é profundamente afetado por essa nova tecnologia. Um novo padrão sociotécnico emerge dessa interação (cf. p. 10).

A ideia de que a Internet nos modifica e por nós é modificada é a mesma ideia de que um sistema, ao interagir com o meio, o influencia e por ele é influenciado. Castells aborda vários aspectos da Internet, tais como sua história, sua relação com a política, com a sociedade, com a economia, com a geografia etc. Primeiramente, Castells declara que a história das tecnologias comprova que os usuários são seus principais produtores, adaptando-as a seus usos e valores e acabando por transformá-las. O novo, no caso da Internet, é que os novos usos da tecnologia envolvem o mundo inteiro, em tempo real. Abrevia-se, desse modo, o processo de aprendizagem e de produção pelo uso, e o resultado é que nos envolvemos num processo de aprendizagem através da produção, num *feedback* intenso entre a difusão e o aperfeiçoamento da tecnologia (cf. p. 28).

Em suas considerações sobre as diferenças e semelhanças entre o real histórico e o real virtual, entre as relações sociais desses dois tipos, citando Sherry Turkle, Castells escreve que a noção do real resiste.

As pessoas que vivem vidas paralelas na tela são, não obstante, limitadas pelos desejos, a dor e a mortalidade de suas pessoas físicas. As comunidades virtuais oferecem um novo contexto alegórico em que se pensar sobre a identidade humana na era da Internet (p. 100).

A ausência de formação de laços significativos nas sociedades locais acontece porque as pessoas selecionam suas relações com base na interação secundária, ou seja, são pessoas *sem afinidades* (cf. p. 106). Castells constata, ademais, que as sociedades não evoluem rumo a um padrão uniforme de relações sociais. Para compreender as novas formas de interação social, é necessário tomar por base uma redefinição de comunidade. A ênfase deve ser dada ao papel de apoio aos indivíduos e famílias, mais que ao seu componente cultural. A existência social precisa ser desvinculada de um tipo único de suporte material. Fundamental é o deslocamento da comunidade para a rede como forma capital de organizar a interação (cf. p. 106).

Sobre a Internet como o suporte material para o individualismo em rede, o autor esclarece que a melhor maneira para se compreender as comunidades *on-line* é "vê-las como redes de sociabilidade, com geometria variável e composição cambiante, segundo a evolução dos interesses dos atores sociais e a forma da própria rede" (p. 109).

Castells afirma que a Internet estrutura as relações sociais quando se adiciona aos esforços de criação de um novo padrão de sociabilidade, com base no individualismo. Aqui, estriba seu pensamento em Barry Wellman, para quem "redes sociais complexas sempre existiram, mas desenvolvimentos tecnológicos recentes nas comunicações permitiram seu advento como uma forma dominante de organização social".

Cada vez mais, a organização das pessoas acontece em redes sociais mediadas por computador. Nesse sentido, afirma que não é a Internet que cria um padrão de individualismo em rede, mas é o seu desenvolvimento que fornece um suporte material apropriado para a difusão do individualismo em rede como a forma dominante de sociabilidade (CASTELLS, 2003, p. 109).

Esse individualismo é um padrão social que não se resume na soma de indivíduos isolados. Esses montam suas redes com base em interesses, valores, afinidades e projetos. Em virtude da flexibilidade e do poder de comunicação vinculado à Internet, a interação social *on-line* assume um papel decisivo na organização social como um todo. Estabilizada em sua prática, está em condições de formar comunidades virtuais, distintas das comunidades físicas, mas nem por isso menos intensa ou menos eficaz em termos de criação de laços e de mobilização. Em nossas sociedades desabrocha uma comunicação híbrida, reunindo o lugar físico e o *ciberlugar* (na terminologia de Wellman) que atua como suporte material do individualismo em rede (cf. p. 109).

Assim, para mencionar apenas um dos muitos estudos que corroboram esse padrão de interação entre redes *on-line* e *off-line*, a investigação conduzida por Gustavo Cardoso (1998) na PT-net, uma das primeiras comunidades virtuais em português, mostrou estreita interação entre sociabilidade *on-line* e *off-line*, cada qual em seu próprio ritmo, e com suas características específicas formando, contudo, um processo social indissolúvel. Há uma nova noção de espaço, onde o físico e o virtual se influenciam mutuamente, possibilitando a emergência de novas formas de socialização, novos estilos de vida e novas formas de organização social (cf. CASTELLS, 2003, p. 110).

Para Castells, as chances de um individualismo em rede são consideravelmente potencializadas com o crescente desenvolvimento tecnológico. Com isso, esse tipo de relacionamento pode tornar-se a forma dominante de sociabilidade, como demonstram os diversos estudos levados a cabo sobre o uso dos celulares. Há a adequação a um padrão social organizado em torno de *comunidades de escolha* e de interação individualizada, com base na seleção do tempo, do lugar e dos parceiros de interação (Castells cita Kopomaa e Nafus & Tracey). As chances de interconexão personalizada são ampliadas pelo desenvolvimento projetado da Internet sem fio, dando aos indivíduos maior capacidade de reconstruir suas estruturas de sociabilidade (cf. p. 111). É o triunfo do indivíduo, embora não se tenha ainda medido o impacto e os custos para a sociedade. "A menos que consideremos que indivíduos estão de fato reconstruindo o padrão da interação social, com a ajuda de novos recursos tecnológicos, para criar uma nova forma de sociedade: a sociedade de rede" (p. 111).

Citando Cohen e Rai, Castells descreve os seis movimentos sociais mais importantes que se engajaram numa forma global de organização. É nesse sentido que faz referência aos movimentos pelos direitos humanos, das mulheres, do trabalho, do meio ambiente, da opção religiosa e da paz. A necessidade de articulação global e a constituição de redes globais de informação fazem com que eles sejam dependentes da Internet (cf. p. 118). Essa questão nos mostra que com a globalização o uso da Internet é essencial para os movimentos que buscam maior número de seguidores.

Em relação às expectativas direcionadas à multimídia e ao hipertexto, Castells afirma que este está dentro de nós, e não fora, como um aparato tecnológico. São as nossas mentes que processam a cultura, pois esta somente existe em e através de mentes humanas conectadas a corpos humanos. O hipertexto está vinculado à capacidade que nossas mentes têm de acessar a totalidade da esfera das expressões culturais. Logo, o hipertexto está dentro de nós, em nossa capacidade de recombinar e atribuir sentido a todos os componentes que estão distribuídos em muitas esferas de expressão cultural (cf. p. 166).

De acordo com o autor, é a Internet que nos permite fazer isso, mas não por sua condição de multimídia, e sim pela interoperabilidade que ela possibilita de acessar e recombinar todos os tipos de texto, imagens, sons, silêncios e vazios. Inclui-se aí toda a esfera da expressão simbólica presente no sistema de multimídia.

Nossa relação com a Internet possibilita-nos nossos próprios hipertextos. "Trata-se realmente de um hipertexto individual, feito de expressões culturais multimodais recombinadas em novas formas e novos significados" (p. 167). Nesse sentido, vivemos, de fato, no tipo de cultura, a *cultura da virtualidade real*. Essa cultura é virtual porque construída através de processos virtuais de comunicação. Ao mesmo tempo ela é real, pois é nossa realidade fundamental, a base material sobre a qual vivemos nossa existência. Também sobre ela construímos nossos sistemas de representação, exercemos nosso trabalho e nos vinculamos aos demais, obtemos informação, formamos nossas opiniões, fazemos política e acalentamos nossos sonhos. Nesse caso, a nossa realidade é a virtualidade, característica da cultura na era da informação. Através da virtualidade processamos nossa criação de sentido (cf. p. 167).

A visão de um hipertexto em nós localizado, de um real virtual que nos move, é essencial para compreender a ação humana. Ela faz uma síntese entre a teoria de uma unidade a partir de nossos espíritos – por meio do exercício de contemplação do Uno – e a teoria de uma unidade potencializada pela técnica – corroborada por Chardin e McLuhan. Ao afirmar que o hipertexto está em nós, Castells mantém o poder de união dentro do espírito, mesmo exaltando os meios que potencializam nosso hipertexto, os multimeios. É uma interessante síntese entre o pensamento antigo e o moderno. Poder-se-ia dizer que sociedade em rede possibilita o desenvolvimento de hipertextos dentro de cada um de nós.

V

As tecnologias como extensões da nervura humana

Pierre Teilhard de Chardin

O pensamento do jesuíta francês Teilhard de Chardin surge neste momento como sintetizador do que se vem processando ao longo do texto. Em virtude da centralidade e da importância de suas ideias, a reflexão se assenta numa leitura mais orgânica de sua obra seminal, *O fenômeno humano*.[1] Seguiremos *pari passu* a sua exposição ao longo da obra para decantar as intuições que nos podem ajudar a compreender o momento presente.

O começo da reflexão de Chardin parte da realidade da pré-vida. O primeiro passo é a consideração do estofo do universo. Nesse particular, o autor sublinha que cada elemento do cosmos é positivamente tecido de todos os outros:

> [...] abaixo de si próprio, pelo misterioso fenômeno da "composição", que o faz subsistir pela extremidade de um conjunto organizado; e, acima, pela influência recebida das unidades de ordem superior que o englobam e o dominam para seus próprios fins. Impossível cortar nessa rede, isolar dela um retalho, sem que este se desfie e se desfaça por todos os lados. A perder de vista, em volta de nós, o Universo se

---

[1] CHARDIN, Teilhard de. *O fenômeno humano*. Trad. José Luiz Archanjo. São Paulo: Cultrix, 1999.

sustenta por seu conjunto. E não há senão uma maneira realmente possível de considerá-lo. É tomá-lo como um bloco, todo inteiro (p. 44).

Há, nesse bloco, algo além de uma simples trama de ligações articuladas, salienta o pensador. Para ele, quem diz tecido, rede, pensa num entrelaçamento homogêneo de unidades semelhantes, no entanto, "tecido de uma só peça, segundo um único e mesmo processo, mas que de ponto para ponto não se repete jamais, o Estofo do Universo corresponde a uma única figura: forma estruturalmente um Todo" (p. 45).

Cada elemento cósmico, segundo o autor, tem um raio de ação próprio que deve ser prolongado até os limites últimos do mundo. Nesse sentido, o átomo não é mais o mundo microscópico e fechado, como se pode imaginar, "é o centro infinitesimal do próprio Mundo" (Ibidem). Ele nos chama a estender o olhar para o conjunto dos centros infinitesimais que partilham entre si a esfera universal. Muito embora seu número seja indefinível, eles constituem um agrupamento com efeitos precisos. Existindo, o todo deve exprimir-se numa capacidade global. A resultante de cada ação encontra-se em cada um de nós. Desse modo, somos induzidos a considerar e conceber uma dinâmica do mundo (cf. Ibidem).

Esse último trecho pode ser relacionado com as questões do Uno e do Múltiplo, presentes tanto na filosofia antiga quanto na medieval. O pensador cristão esclarece que, "à sua maneira, a Matéria obedece, desde a origem, à grande lei biológica [...] da 'complexificação'" (p. 46).

Sabendo que nada se cria, tudo se transforma, do ponto de vista material, e considerando que, ao se transformar, há uma perda de energia para o meio, podemos, segundo o autor, considerar o universo material concreto, no campo de nossa experiência, como um sistema fechado que possui uma trajetória de desenvolvimento limitado. Aqui, ele se separa das grandezas abstratas e se alinha entre as realidades que nascem, crescem e morrem. Do tempo ele passa para a duração, escapando da geometria para tornar-se objeto da história. Isso tanto na sua totalidade como nos seus elementos (cf. p. 48).

Assim fala a ciência, e nela Teilhard deposita confiança. No entanto, delata que este é o *fora* das coisas, propondo, então, uma visão do *dentro*. Como se dá este dentro das coisas? Ele sublinha que a separação entre materialistas e espiritualistas é conciliada nessa parte, pois, no âmbito da física, não há "interior" nas coisas, há apenas influências materiais externas, o que ainda pode ocorrer no estudo de algumas bactérias. No entanto, à medida que a vida vai se complexificando – nas plantas, insetos, vertebrados etc. –, fica cada vez mais difícil negar o "interior" das coisas, até que, finalmente, quando chegamos à esfera humana, torna-se inconcebível não considerarmos o *dentro*.

Após uma explanação do início material de nosso planeta, Chardin traz suas considerações sobre o *dentro* de nosso mundo. Nesse retalho de substância sideral, em qualquer parte do Universo, um mundo interior forra o exterior das coisas A matéria enrolou-se sobre si mesma, não mais se estendendo em camadas difusas e indefinidas (cf. p. 74).

Aqui reaparece a condição fundamental que já caracterizava a matéria original: unidade de pluralidade. No entanto, agora se revela num domínio mais bem definido, elevada a uma ordem nova.

A Terra nasceu provavelmente de um acaso. Mas, de acordo com uma das leis mais gerais da Evolução, esse acaso, mal apareceu, achou-se imediatamente utilizado, refundido em algo de naturalmente dirigido. Pelo próprio mecanismo de seu nascimento, a película, em que se concentra e se aprofunda o Dentro da Terra, emerge diante dos nossos olhos, sob a forma de um Todo orgânico onde é doravante impossível separar qualquer elemento dos outros elementos que o rodeiam. Novo insecável aparecido no âmago do Grande Insecável que é o Universo. Verdadeiramente mesmo, uma Pré-biosfera (p. 74).

O passo seguinte contempla o surgimento da vida na Terra. Sobre o fato de haver uma evolução na Terra todos concordam. Resta, agora, discutir sobre os rumos dessa evolução: busca ela algo? Tem um ponto de chegada? Ou é somente evolução sem rumo?

Para analisar a evolução, o autor toma a cerebralização das espécies, constatando que, quando a *árvore da vida* chega aos mamíferos, há uma grande diferença nos tamanhos cefálicos.

> Entre as infinitas modalidades em que se dispersa a complicação vital, a diferenciação da substância nervosa se destaca, tal como a teoria o fazia prever, como uma transformação significativa. Ela dá um sentido à evolução – e, por conseguinte, prova que há um sentido na evolução (p. 163).

Mas, constatando-se isso, ficaria resolvido o problema? Somente com a condição, embora dura, de nos transportarmos ao *dentro das coisas*. Isso é uma inversão de planos que nos obriga a deixar o *fora* (cf. p. 163).

Chardin mostra como se deu a evolução até os seres humanos, os quais, a partir de uma complexificação do sistema nervoso, puderam evoluir seus psiquismos até o ponto da consciência. O ponto culminante foi o nascimento do pensamento. Ele parte da pergunta sobre a dimensão do salto entre a vida e a consciência, apontando para os primeiros vestígios de homens na história, percebidos pelos instrumentos coletados do solo. Para a investigação desse salto, o autor sugere que a investigação parta do fenômeno da reflexão humana, considerando que os animais não a possuem, embora tenham psiquismo. A reflexão é o saber que se sabe. Para ele, com o surgimento da reflexão, há, pela primeira vez na vida, um centro onde todas as representações e experiências se encontram e se organizam. Todas as atividades especificamente humanas se formam a partir desse centro.

Nesse sentido, o pensador francês defende a hominização – o surgimento da consciência – como um salto qualitativo na evolução, assim como aquele para a vida. Segundo ele, a evolução precisou se preparar para tal salto, porém ele não aconteceu de uma só vez. Essa vida interior se dá, então, a partir do centro psíquico de cada homem, centro que,

> uma vez concentrado sobre si mesmo, não poderia subsistir senão por um duplo movimento que faz apenas um: centrar-se ainda mais sobre si, por penetração num espaço novo; e, ao mesmo tempo, centrar o resto do mundo em torno de si, por estabelecimento de uma perspectiva cada vez mais coerente e mais bem organizada nas realidades que o rodeiam (p. 191).

Até então, o ser vivo estava submetido ao seu filo. Com o surgimento da consciência, o homem entra para o mundo da liberdade. Tudo muda com o aparecimento do reflexivo, que é uma propriedade essencialmente elementar. A marcha para a individualização acontece paralelamente à realidade das transformações coletivas. Quanto mais o filo se nutria de psiquismo, mais se granulava. É a valorização do animal com relação à espécie. Esse fenômeno se precipita e toma forma no nível do homem (cf. p. 191).

> Com a "pessoa", dotada pela "personalização" de um poder indefinido de evolução elementar, o ramo cessa de carregar no seu conjunto anônimo as promessas exclusivas do porvir. A célula tornou-se "alguém". Depois do grão de Matéria, depois do grão de Vida, eis o grão de Pensamento enfim constituído (Ibidem.).

Tal individualização não implica, porém, o enfraquecimento do filo, pelo contrário, o advento da consciência é uma ferramenta a mais para sua conservação. O sentido geral do crescimento é o advento da *humanidade* através dos *homens*.

O passo terrestre planetário acontece com a noosfera. Aqui reside o ponto principal do processo de evolução, quando a mudança do estado biológico atinge o despertar do pensamento. Esse é um salto qualitativo, sendo mais que um ponto crítico atravessado pelo indivíduo ou pela espécie. Tal mudança atinge e afeta a própria vida em sua totalidade orgânica. Essa é uma transformação que afeta o estado do planeta inteiro (cf. p. 196). Portanto, nesse processo caminhamos do ponto alfa para a cosmogênese, para a geogênese, para a biogênese, para a psicogênese, com o advento do homem, e, após, para a noogênese.

> Em volta da centelha das primeiras consciências reflexivas, os progressos de um círculo de fogo. [...] Finalmente, a incandescência cobre todo o planeta. [...] Exatamente tão extensiva, mas muito mais coerente ainda, como veremos, do que todas as camadas precedentes, é verdadeiramente uma camada nova, a "camada pensante", que, após ter germinado nos fins do Terciário, se expande desde por cima do mundo das Plantas e dos Animais: fora e acima da Biosfera, uma Noosfera (p. 197).

O pensador explica que, a despeito das insignificâncias do salto anatômico, uma idade nova começa pela "hominização. [...] A Terra 'muda de pele'. Melhor ainda, encontra sua alma" (p. 197). Tal passo da evolução só se compara à biogênese. "O paradoxo humano se resolve tornando-se desmedido!" (p. 197). A emergência dessa cerebralidade só pode ser concebida como uma mudança planetária! Segundo Chardin, um geólogo imaginário que viesse a inspecionar o nosso globo fossibilizado seria tocado e se espantaria pelo fosforescente de seu pensamento. A origem da noosfera é suave e silenciosa. O enorme acontecimento do seu nascimento dá-se imperceptivelmente. O homem entrou no mundo sem ruído (cf. p. 198). Não há indícios, nas pesquisas que buscam pelas origens do homem, de impactos ambientais, de impactos na natureza. Ele surgiu como qualquer outra espécie. Atualmente, o homem se afigura isolado do restante das espécies; no início, nem tanto.

Analisando a Terra moderna, Chardin afirma que estamos presenciando, desde o século XVIII, uma mudança de idade, através de mudanças econômicas, industriais e sociais. Essa mudança representa um passo decisivo em nossas vidas, uma mudança de estado, uma mudança na noosfera. Ele trata o momento ora vivido como uma mescla em zonas confusas e tensas onde o presente se mescla ao futuro, num mundo em ebulição. Eis-nos, diz ele, face a face com toda a grandeza, jamais atingida, do fenômeno humano. Agora, mais do que nunca, podemos avaliar a importância e apreciar o sentido da hominização. É necessário sair da superfície e tentar decifrar a forma particular do Espírito que nasce no seio da Terra moderna, fumegante de fábricas, trepidante de negócios, vibrante de radiações novas. Esse grande organismo vive por e para uma alma nova. Vivemos uma mudança de idade e de pensamento (cf. p. 240).

Essa alteração renovadora e sutil que, segundo o autor, fez de nós seres novos sem modificar de maneira apreciável os nossos corpos situa-se exclusivamente numa intuição nova, que modifica em sua totalidade a fisionomia do universo em que nos movíamos. Trata-se, para Chardin, de um despertar da própria consciência humana. Para ele, o que nos fez tão diferentes de nossos antepassados não foi o fato de termos descoberto e domado outras forças da natureza, mas a autoconsciência do movimento que nos arrasta e impulsiona. Por isso, percebemos os enormes e terríveis problemas suscitados pelo exercício do *esforço humano* (cf. p. 240).

É a essa descoberta que Chardin atribui a mudança da noosfera. Essa é a descoberta da evolução, que se deu pela percepção do espaço-tempo biológico, ou seja, da duração; pelo envolvimento nessa duração (Julian Huxley expressa tal envolvimento como a evolução que se tornou consciente de si mesma); e pela iluminação, que é dividida pelo autor em três partes: a unidade de estrutura, que busca mostrar a organicidade do homem na natureza; a unidade de mecanismos, que compara as invenções humanas às mutações do cosmos; e a unidade de movimento, que coloca o ser humano como flecha ascendente da grande síntese biológica.

Em seguida, Chardin apresenta o processo para a sobrevida e a primeira consideração é sobre a saúde coletiva. Para ele, algo a ser evitado no futuro da humanidade é o isolamento do indivíduo ou de um grupo. A Terra e os indivíduos experimentam uma coalescência forçada. O que estava separado aglutina-se e funde-se. Os elementos do mundo têm o poder de se influenciar e de se invadir mutuamente por *dentro*, combinando suas energias radiais em feixes. Essa interpenetrabilidade psíquica aumenta, tornando-se perceptível entre seres orgânicos. No ser humano os efeitos dessa consciência atingem seu grau máximo. Ela é extrema e observável no fenômeno social e por nós experimentada. Entretanto, nesse caso, ela só opera em virtude de energias tangenciais de ordenação, sob certas condições de aproximação espacial (cf. p. 274).

A redondeza da Terra é um fato que contribuiu muito para o agrupamento das tribos humanas, especialmente a partir da própria inventividade do gênio humano. Chardin afirma que, pela invenção da estrada de ferro, do automóvel, do avião, a influência física de cada homem, que era reduzida outrora a alguns quilômetros, estende-se agora a centenas de léguas. Melhor ainda, diz ele, graças ao prodigioso acontecimento biológico que representa a descoberta das ondas eletromagnéticas, cada indivíduo se encontra, doravante, simultaneamente presente na totalidade do mar e dos continentes, de maneira coextensiva à Terra.

Assim, não apenas por aumento incessante do número de seus membros, mas também por aumento contínuo de sua área de atividade individual, a Humanidade, sujeita que está a se desenvolver em superfície fechada, encontra-se irremediavelmente submetida a uma pressão formidável – pressão constantemente acrescida por seu próprio jogo: pois que cada novo grau na compressão não tem outro efeito senão o de exaltar um pouco mais a expansão de cada elemento (p. 275).

Aqui surge a questão da *unificação do mundo*, que se dá a partir da evolução, que é a ascensão de consciência, que, por sua vez, é um efeito de união, em direção a uma megassíntese.

O agrupamento geral em que, por ações conjugadas do Fora e do Dentro da Terra, encontra-se empenhada, neste momento, a totalidade das potências e das unidades pensantes – a reunião em bloco de uma Humanidade cujos fragmentos se soldam e se penetram aos nossos olhos, a despeito e mesmo à proporção dos esforços que fazem para se separarem –, tudo isso toma até o fundo uma forma inteligível desde que aí divisamos a culminação natural de um processo cósmico de organização que nunca variou desde as eras longínquas em que nosso planeta era juvenil (p. 277).

Teilhard de Chardin afirma não ver outra maneira coerente, portanto científica, de agrupar essa imensa sucessão de fatos senão interpretando no sentido de uma gigantesca operação psicobiológica, que ele chama de uma espécie de megassíntese, "a superordenação à qual todos os elementos pensantes da Terra se acham hoje individualmente e coletivamente submetidos" (p. 277). Para Chardin, a humanidade é consumada nessa realidade.

Segundo ele, para os chamados de *profetas do século XVIII*, o mundo era um conjunto de ligações confusas e frouxas. Para perceber o pulsar do coração dessa espécie de embrião fazia-se necessário a adivinhação de um crente. Passados quase duzentos anos, estamos engajados, sem dar-nos conta, na realidade sonhada e desejada por nossos pais. No espaço de algumas gerações, foram estabelecidos laços econômicos e culturais que se multiplicam geometricamente. Hoje, além do pão (alimento de um Neolítico), o homem exige cada dia sua ração de ferro, de cobre e de algodão, de eletricidade, de petróleo, de rádio, de descobertas, de cinema e de notícias internacionais. A Terra inteira é requerida para alimentar-nos (cf. p. 279).

Para dar a dimensão do sentido que as palavras têm, o autor as compara com um grande corpo que está nascendo, "com seus membros, seu sistema nervoso, seus centros perceptivos, sua memória", e pergunta (afirmando): esse sentido não é "o próprio corpo da grande Coisa que devia vir para satisfazer às aspirações suscitadas no ser reflexivo pela consciência, recém-adquirida, de que ele é solidário e responsável de um Todo em evolução?" (p. 279).

Tudo converge para a unidade, e em direção a essa unidade crescente a Terra experimenta uma complexidade sempre maior. Segundo Chardin, o estofo do universo se tornou pensante, mas não concluiu ainda seu ciclo evolutivo e, por conseguinte, caminhamos em direção a algum novo ponto crítico. Apesar de suas ligações orgânicas, a biosfera era uma composição de linhas divergentes e livres nas extremidades. Sob o efeito da reflexão, as cadeias se fecham. A noosfera tende a constituir-se num único sistema fechado. Cada elemento vê, sente, deseja, sofre simultaneamente as mesmas coisas que os demais (cf. p. 282).

Trata-se, segundo Chardin, de uma coletividade harmonizada de consciências equivalente a uma espécie de superconsciência. Para ele, a Terra não é apenas um espaço a "se cobrir de grãos de Pensamento às miríades, mas a se envolver num só invólucro pensante, até formar, funcionalmente, nada menos que um único imenso Grão de pensamento, à escala sideral" (p. 282). Nesse sentido, a pluralidade das reflexões individuais agrupa-se e reforça-se no ato de uma só reflexão unânime, que passa no momento por um ponto crítico. Iniciada no Neolítico, essa dupla crise se aproxima do seu auge na Terra moderna, estando ligada, primeiramente, à crescente *planetização* da humanidade. Povos e civilizações não podem mais crescer senão interpenetrando-se, visto terem chegado a um alto grau de contato periférico, de interdependência econômica, de comunhão psíquica. Igualmente, sob a influência da máquina e de um superaquecimento do pensamento, há um estupendo jorro de potências ociosas. Já não se sabe o que fazer com o tempo e as potências que desencadeou entre suas mãos (cf. p. 282).

Na certeza de que tudo que sobe converge, Teilhard analisa a convergência do pessoal e o processo em direção ao ponto ômega. Afirmando que o espaço-tempo é necessariamente de natureza convergente, porque contém e engendra a consciência, Chardin destaca que "suas camadas desmesuradas, seguidas no sentido conveniente, devem se infletir algures para adiante num Ponto – chamemo-lo Ômega –, que as funda e consome integralmente em si mesmo" (294-295). Por isso, diz ele, o universal-futuro não poderia ser senão hiperpessoal, no ponto ômega.

> O Ômega, dessa forma, seria uma concentração psíquica, um sistema cuja unidade coincide com um paroxismo de complexidade harmonizada. [...] Um agrupamento em que personalização do Todo e personalizações elementares atingem seu máximo, sem mescla e simultaneamente, sob a influência de um foco de união supremamente autônomo (p. 296).

O autor enfatiza a importância do amor para a realização dessa megassíntese que visa alcançar o ômega, que tem como atributos: autonomia, atualidade, irreversibilidade e transcendência.

O pensamento de Chardin nos permite fazer algumas inferências. O intenso desenvolvimento das tecnologias digitais cria condições para que a humanidade se contraia cada vez mais. De certa forma é tecida uma grande rede como uma túnica inconsútil que envolve a Terra, relativizando espaço e tempo. Cada vez mais contraídos, os seres humanos se envolvem num amplexo global que supera distâncias no rumo de uma complexidade sempre maior. Seria isso a midiatização?

Marshall McLuhan

O pensamento de Marshall McLuhan pode ser acompanhado na sua obra *Os meios de comunicação como extensões do homem*, na qual trata os meios de comunicação como representando extensões do ser humano. O prefácio da obra traz algumas considerações sobre o estado atual em que se encontra a humanidade – a era da eletricidade. Essa nova configuração social traz novos problemas a serem pensados. Um deles é o problema da ação, que na idade elétrica ganha poder elevado e carrega consigo o problema da angústia, pois nos encontramos novamente tribalizados, e muitas de nossas ações têm efeitos imediatos e globais. Afirma ele que, depois de explodir por ação de tecnologias fragmentárias, o mundo ocidental está implodindo. Naquele momento, os nossos corpos foram projetados no espaço. Hoje, o que é projetado é o nosso próprio sistema nervoso central. Esse abraço global abole tempo e espaço. A humanidade se aproxima da fase final das extensões do homem pela simulação tecnológica da consciência. Por ela, o processo do conhecimento do conhecimento vai estender-se através dos diversos meios e veículos (cf. 1996, p. 17).

Qualquer extensão, diz ele, seja da pele, da mão ou do pé, afeta todo o complexo psíquico e social, ainda mais em função da pressa com que isso ocorre hoje. Ao contrário da idade mecânica, onde tudo era lento e as ações podiam ser levadas a cabo sem preocupações, retardando as reações, hoje ação e reação ocorrem quase que simultaneamente. Entretanto, nosso modo de pensar continua dentro dos velhos padrões da idade pré-elétrica e do espaço e tempo fracionados (cf. p. 18).

McLuhan diz que, na era da eletricidade, nosso sistema nervoso central é tecnologicamente projetado para envolver-nos na humanidade inteira, incorporando-a em nós, e nos envolvendo necessariamente, em profundidade, em cada uma de nossas ações.

O mais conhecido conceito do pensador canadense é aquele que diz que o meio é a mensagem. Dizer que o meio é a mensagem

> apenas significa que as consequências sociais e pessoais de qualquer meio – ou seja, de qualquer uma das extensões de nós mesmos – constituem o resultado do novo estalão introduzido em nossas vidas por uma nova tecnologia ou extensão de nós mesmos (p. 21).

Não é o uso que se faz de uma máquina que gera os efeitos mais notáveis numa sociedade, mas sim o próprio fato de se usar tal máquina. A técnica da fragmentação, instaurada com a tecnologia da máquina, produziu efeitos nos modos de associação e de trabalho humano, exemplifica o autor. Outra questão que ele esclarece é que "o conteúdo de qualquer meio ou veículo é sempre um outro meio ou veículo" (p. 22), o que se assemelha a afirmar que qualquer meio é conteúdo.

Ao analisar a questão da luz elétrica, McLuhan diz que não a percebemos como meio de comunicação simplesmente porque ela não possui "conteúdo". Essa consideração aponta uma falha no estudo dos meios. Somente percebemos o conteúdo da luz elétrica, não como luz, cuja mensagem é igual à da energia elétrica, difusa, radical e descentralizada. Mesmo desligadas de seus usos, tanto a luz como a energia elétrica eliminam os fatores de tempo e espaço da associação humana. O rádio, o telégrafo, o telefone e a televisão estão criando uma participação em profundidade (cf. p. 23).

Essas considerações de McLuhan de que o meio é a mensagem são muito propícias ao estudo sobre a midiatização. Como já foi dito em outras oportunidades, não se trata mais de um questionamento sobre a utilidade dos meios para a transmissão das mensagens, e sim, na sociedade contemporânea midiatizada, de uma reflexão sobre os próprios meios – os dispositivos tecnológicos (como mensagens) – e sobre a ambiência em que nos encontramos, permeada por esses dispositivos e suas intervenções.

Vale ressaltar, ainda, desse capítulo, um trecho interessante sobre a invasão tecnológica e seus efeitos:

> Não estamos mais bem preparados para enfrentar o rádio e a televisão em nosso ambiente letrado do que o nativo de Gana em relação à escrita, que o expulsa de seu mundo tribal coletivo, acuando-o num isolamento individual. Estamos tão sonados em nosso novo mundo elétrico quanto o nativo envolvido por nossa cultura escrita e mecânica (p. 31).

A distinção entre meios quentes e frios configura outro conceito fundamental para o pensamento de McLuhan. A ideia central desse conceito é que "um meio quente permite menos participação do que um frio: uma conferência envolve menos do que um seminário, e um livro menos do que um diálogo" (p. 39).

O conceito de meios quentes e frios incorpora a preocupação do autor com os efeitos dos meios nas sociedades, que geram um movimento de tribalização e destribalização, ocasionando o colapso e a decadência de uma hierarquia feudal e tribal quando esta relaciona com um meio quente mecânico, repetitivo e uniforme. As formas especializadas (meios, dinheiro, roda, escrita) de aceleração, de intercâmbio e de informações fragmentam toda a estrutura tribal. Ao mesmo tempo, uma aceleração extremamente acentuada, tal como acontece com a eletricidade, tem o efeito de restaurar os padrões tribais, assim como aconteceu com a Europa quando da introdução do rádio. O mesmo está acontecendo com a América, diante do surgimento da televisão. Enquanto as tecnologias especializadas destribalizam, a tecnologia elétrica não especializada retribaliza (cf. p. 41). Essa é a dinâmica da destribalização e retribalização, segundo McLuhan.

O autor enfatiza que as novas habilidades exigidas pelas novas tecnologias geram um processo de perturbação social e pessoal, porque "vem acompanhado de muita defasagem cultural: as pessoas se sentem compelidas a encarar as novas situações como se fossem velhas, daí derivando ideias como a da 'explosão demográfica', numa área de implosão" (p. 41).

Se nos basearmos nas ideias de meio quente e meio frio de McLuhan, poderemos tranquilamente afirmar que vivemos em um mundo frio, pois cada vez mais as tecnologias nos permitem maior participação. O que nosso mundo vive hoje através da rede digital é uma interação global jamais vista. Para o autor, "a nova configuração e estruturação elétrica da vida cada vez mais se opõe aos velhos processos e instrumentos de análise, lineares e fragmentários, da idade mecânica" (p. 42).

McLuhan reflete também sobre outros efeitos produzidos pela eletricidade, no âmbito individual. Num primeiro momento, o efeito foi de angústia. Presentemente, o tédio. São três estágios da tecnologia elétrica: alarme, resistência e exaustão, que caracterizam qualquer doença, tanto individual como coletiva (cf. p. 43).

Essa reflexão encontra-se presente também, de forma semelhante, no pensamento teilhardiano. Por outro lado, McLuhan aventa a possibilidade de reversão do meio superaquecido.

A ideia a destacar, nesse sentido, concerne à contração ou implosão do mundo e diz que, "em verdade, não é o aumento numérico que cria a nossa preocupação com a população; trata-se antes do fato de que todo mundo está passando a viver na maior vizinhança, criada pelo envolvimento elétrico que enreda umas vidas nas outras" (p. 53).

Portanto, além de a população humana aumentar sobre a Terra, ela se dobra sobre si mesma através de seus mecanismos de interação cada vez mais aprimorados, como nos descreve McLuhan. É um movimento duplo de acréscimo de gente e concentração que nos dá a sensação de que a Terra encolhe e fica pequena diante da humanidade.

Há uma energia híbrida que ocasiona o que ele chama de *les liaisons dangereuses* ("ligações perigosas" – em francês no original). A sociedade ocidental homogeneizou-se com a alfabetização, simplificou-se, de certa forma, enquanto muitos povos orientais permaneceram no rico e heterogêneo âmbito da oralidade. E, em relação aos rumos da sociedade atual, vale citar que

> a perspectiva imediata para o homem ocidental, letrado e fragmentado, ao defrontar-se com a implosão elétrica dentro de sua própria cultura, é a de transformar-se rápida e seguramente numa criatura profundamente estruturada e complexa, emocionalmente consciente de sua total interdependência em relação ao resto da sociedade humana (p. 69).

E, nesse ponto, McLuhan traz outra questão também refletida por Chardin: "O individualismo fragmentado, letrado e visual não tem mais lugar numa sociedade que implode, eletricamente estruturada. O que deve, então, ser feito?" (p. 70).

Em relação a hibridizações dos meios mais atuais, o autor traz como exemplo a luz elétrica, que ocasionou o fim da divisão noite e dia, exterior e interior. Uma organização humana libera uma energia híbrida quando a luz com ela se encontra. A vida humana passa a se desenrolar tanto de dia quanto de noite. A luz elétrica causa uma mudança total, pois é informação pura, não restringida por qualquer conteúdo em sua força transformadora e informativa (cf. p. 71). Em uma análise das relações de poder, McLuhan afirma que os donos, os que operam os meios, sabem do poder do meio em relação ao conteúdo, ou seja, se preocupam muito mais com a detenção desses meios do que com seus conteúdos.

Voltando à reflexão sobre a hibridização, McLuhan explicita que novos índices relacionais são estabelecidos pelos meios como extensões de nossos sentidos. Isso acontece não apenas entre nossos sentidos particulares, mas também entre si. Os diversos meios de comunicação alteram-se mutuamente, num permanente processo de inter-relacionamento (cf. p. 72). Dentro da visão e dos objetivos do presente trabalho, questionamos acerca do modo como a Internet interfere nos outros meios e de que forma a midiatização, a sociedade em rede, interfere em nossos sentidos particulares, individuais.

A questão da tecnologia traz elementos preciosos para a reflexão, pois compara as tecnologias anteriores e as que vêm sendo desenvolvidas na era da eletricidade. Podemos interpretar as palavras de McLuhan como favoráveis ao pensamento de que, com a eletricidade, de fato, as tecnologias dão um salto qualitativo em relação às produzidas anteriormente. Devemos nos questionar se a era seguinte, na qual nos encontramos, a era digital, representa um salto tão potente em relação à eletricidade quanto esta representou com o seu advento.

A palavra falada foi, conforme McLuhan, a primeira tecnologia pela qual o homem pôde desvincular-se de seu ambiente para retomá-lo de novo modo. Nesse sentido, as palavras são uma espécie de recuperação da informação que pode abranger a alta velocidade, a totalidade do ambiente e da experiência.

> As palavras são sistemas complexos de metáforas e símbolos que traduzem a experiência para os nossos sentidos manifestos e exteriorizados. Elas constituem uma tecnologia de explicitação. Através da tradução da experiência sensória imediata em símbolos vocais, a totalidade do mundo pode ser evocada e recuperada a qualquer momento (p. 76-77).

Essa explicitação ganha maior celeridade e ampliação dos tentáculos pessoais na era da eletricidade. O autor destaca que os seres humanos se veem traduzidos mais e mais em termos de informação, rumo à extensão tecnológica da consciência. Uma dinâmica pela qual todas as tecnologias anteriores são traduzidas em sistemas de informação quando se coloca o corpo físico dentro do sistema nervoso prolongado pelos meios elétricos (cf. p. 77).

Segundo McLuhan, as tecnologias anteriores à elétrica eram parciais e fragmentárias, enquanto a elétrica é total e inclusiva. Quando o autor afirma que, com a eletricidade, "um consenso ou uma consciência externa se faz agora tão necessário quanto a consciência particular" (p. 78), surge mais uma semelhança entre sua reflexão e o pensamento chardiniano.

Nesse sentido, vale destacar as últimas palavras do capítulo que mostra o pensamento do autor sobre o porvir. Ao tratar do prolongamento, ou tradução, do nosso sistema nervoso central em tecnologia eletromagnética, McLuhan anuncia um próximo passo, possibilitado pela tecnologia digital, de transferência de nossa consciência para o mundo do computador e, novamente, levanta a questão da unidade. Para ele, a consciência humana pode ser programada para não ceder à alienação narcisista e ao entorpecimento provocado pelas ilusões do mundo do entretenimento. A humanidade se defronta com si mesma projetada em seu próprio arremedo. Se a cidade é a tradução do homem moderno numa forma mais adequada do que aquela que seus ancestrais realizaram, por que a tradução ora em curso, sob a forma de informação, não pode resultar numa só consciência do globo inteiro e da família humana (cf. p. 81)?

Em seguida, McLuhan retoma algumas considerações sobre os efeitos sociais de uma tecnologia, como o do entorpecimento, e aponta para possíveis tratamentos para os sintomas que se apresentam nocivos a nós, comparando-os a procedimentos cirúrgicos.

> Os novos meios e tecnologias pelos quais nos ampliamos e prolongamos constituem vastas cirurgias coletivas levadas a efeito no corpo social com o mais completo desdém pelos anestésicos. Se as intervenções se impõem, a inevitabilidade de contaminar todo o sistema tem de ser levada em conta. Ao se operar uma sociedade com uma nova tecnolo-

gia, a área que sofre a incisão não é a mais afetada. A área da incisão e do impacto fica entorpecida. O sistema inteiro é que muda (p. 84).

Para clarear essa alegoria, o autor destaca que o efeito do rádio é visual e o efeito da fotografia é auditivo, e que "qualquer impacto altera as *ratios* de todos os sentidos" (p. 84).

Pode-se perguntar sobre os efeitos da Internet em nossos sentidos, já que este é um meio que envolve tanto a audição quanto a visão, privilegiados pela humanidade no seu processo de desenvolvimento tecnológico. McLuhan sublinha a importância do equilíbrio na consideração das tecnologias. Precisa que,

> quando uma tecnologia de um determinado tempo implica um impulso poderoso numa direção, a sabedoria aconselha opor-lhe um outro impulso. A implosão da energia elétrica em nosso século não pode ser neutralizada pela explosão e pela expansão, mas sim pela descentralização e pela flexibilização de múltiplos centros pequenos (p. 91).

McLuhan dedica-se à análise de cada meio em particular. O primeiro a merecer a atenção é a palavra falada, que merece dele um questionamento: *flor do mal?*

Ao pensar a língua e a linguagem nessa nova era, McLuhan afirma que a tecnologia elétrica, que projeta sentidos e nervos num amplexo global, tem grandes implicações em relação ao futuro da linguagem. Isso porque ela necessita tão pouco de palavras como o computador digital necessita de números, compara o autor, destacando que a eletricidade indica o caminho para a extensão do próprio processo da consciência, em escala mundial e sem qualquer verbalização.

McLuhan acredita que um estado de consciência coletiva como este deve ter sido a condição do homem pré-verbal. "A língua, como tecnologia de extensão humana, com seus conhecidos poderes de divisão e separação, deve se haver configurado na torre de Babel pela qual os homens procuraram escalar os céus" (p. 98).

No entanto, segundo ele, os computadores parecem prometer os meios de se poder traduzir instantaneamente qualquer língua em qualquer outra, qualquer código em outro código.

> Em suma, o computador, pela tecnologia, anuncia o advento de uma condição pentecostal de compreensão e unidade universais. O próximo passo lógico seria não mais traduzir, mas superar as línguas através de uma consciência cósmica geral, muito semelhante ao inconsciente coletivo sonhado por Bergson. A condição de "imponderabilidade", que os biólogos tomam como promessa de imortalidade física, pode ser acompanhada pela condição de "infalibilidade", que asseguraria a paz e a harmonia coletiva e perpétua (p. 98).

Novamente aqui surgem semelhanças com o posicionamento de Teilhard de Chardin, base para o nosso pensar. Para McLuhan (e outros pensadores), a palavra escrita foi o arquiteto do nacionalismo. A impressão foi a primeira mecanização de um artesanato complexo, constituindo-se no arquiteto das mecanizações que lhe seguiram. A explosão tipográfica permitiu que as vozes e as mentes humanas se espalhassem para reconstruir o diálogo humano numa escala mundial. Na sua capacidade de armazenar informação e de possibilitar a rápida recuperação do conhecimento, a tipografia acabou com o espírito tribal e paroquial, tanto psíquica como socialmente, no espaço e no tempo.[2] Num primeiro momento, a impressão por tipos móveis foi mais motivada pelo desejo de ver os livros antigos do que pela necessidade de ler e escrever novos livros (cf. p. 195).

A imprensa significou um imenso avanço na história da humanidade, que hoje experimenta outros saltos históricos. Para o autor, o processamento e o movimento de informação, no mundo eletrônico, constituem os principais negócios e meio de riqueza.

---

[2] Veja: ANDAHAZI, Federico. *O livro dos prazeres proibidos*. Rio de Janeiro: Bertrand, 2013. Esse livro traz uma visão interessante sobre a invenção da tipografia por Gutenberg e a reação que provocou na Igreja.

Segundo ele, à medida que a automação avança, vai ficando claro que a informação é o bem de consumo mais importante e que os produtos "sólidos" são meramente incidentais no movimento informacional.

As fases iniciais do processo pelo qual a informação se tornou o bem econômico básico da era elétrica foram obscurecidas pelos modos com que a publicidade e o entretenimento desencaminharam o público. Os anunciantes pagam tempo e espaço nos jornais, nas revistas, no rádio e na TV, comprando, assim, um pedaço do leitor, do ouvinte e do telespectador, como se tivessem alugado nossas casas para um encontro público. De bom grado pagariam diretamente ao leitor, ao ouvinte e ao telespectador, por sua preciosa atenção e seu não menos precioso tempo... se soubessem como fazê-lo (p. 234).

A imprensa trabalha através de um mosaico, "jogando" ao seu leitor informações diferentes não contínuas, assim como são nossas vidas. Ela pode ser considerada uma sucessora, sob a nova forma de mosaico, do livro.

Nos primórdios, os jornais esperavam pela notícia, até descobrirem que deveriam ir atrás dela e até mesmo fabricá-la, pois notícia viria a se tornar aquilo que se encontrava no jornal. "Assim que a imprensa reconheceu que a apresentação de notícias não era uma repetição de ocorrências e registros, mas uma causa direta dos acontecimentos, muitas coisas começaram a acontecer" (p. 240).

Outra análise do autor diz que é "graças a esta engenhosa adaptação quotidiana que o homem ocidental começa a se ajustar ao mundo elétrico da interdependência total" (p. 241). Um passo adiante foi dado pelo telégrafo, visto por ele como o *hormônio social*. Ele relaciona o uso que os americanos faziam do recentemente inventado telégrafo com a publicação de *O conceito da angústia*, por Sören Kierkegaard. Começava, segundo ele, a era da angústia. A projeção e extensão do sistema nervoso central iniciadas com o telégrafo agora se viam identificadas com a extensão da consciência, por obra das emissões por satélite. A ação de pôr para fora os próprios nervos e os próprios órgãos físicos serem introduzidos para dentro do sistema nervoso dá início à situação de angústia (cf. p. 282). Aqui McLuhan faz uma referência a Teilhard de Chardin, quando afirma:

> Os meios elétricos tendem a criar uma espécie de interdependência orgânica entre todas as instituições da sociedade, o que dá nova ênfase ao parecer de Chardin de que a descoberta do eletromagnetismo deve ser considerada como um "prodigioso acontecimento biológico". Se as instituições políticas e comerciais adquirem um caráter biológico por força dos meios elétricos de comunicação, é agora explicável que biologistas como Hans Selye pensem no organismo físico em termos de rede de comunicação (p. 277).

O fonógrafo é visto como "uma extensão e uma amplificação da voz, que pode muito bem ter diminuído a atividade vocal individual, assim como o carro reduziu a atividade pedestre" (p. 309).

O passo seguinte da evolução da humanidade foi o cinema, visto por McLuhan como o mundo real em rolo. "O cinema, pelo qual enrolamos o mundo real num carretel para desenrolá-lo como um tapete mágico da fantasia, é um casamento espetacular da velha tecnologia mecânica com o novo mundo elétrico" (p. 319). E aqui ele destaca o poder ampliador de informações dessa nova tecnologia.

> Comparado a outros meios, como a página impressa, o filme tem o poder de armazenar e transmitir uma grande quantidade de informação. Numa só tomada, apresenta uma cena de paisagem com figuras que exigiriam diversas páginas em prosa para serem descritas (p. 323).

McLuhan também faz uma análise do impacto do cinema nas outras culturas não letradas e orais, assim como sua força em disseminar a cultura americana e o consumismo pelo mundo.

O rádio – o tambor tribal, segundo ele – foi o primeiro meio eletrônico massivo. Na análise desse importante meio para nossa civilização, McLuhan faz uma história do rádio e o relaciona, principalmente, com os rumos da sociedade, destacando que o rádio propiciou a primeira experiência maciça de civilização ocidental letrada. O rádio atuou no sentido inverso da cultura letrada. Enquanto esta incentivou um individualismo extremo, aquele fez reviver a experiência ancestral das tramas tribais. Nessa direção, o Ocidente letrado procurou encontrar uma espécie de compromisso com a responsabilidade coletiva (cf. p. 339).

Nesse momento é que, realmente, teve início a retribalização da humanidade. Para o pensador canadense, esse processo vai atingir seu ápice com o surgimento da televisão. Sobre a existência do rádio antes e depois da televisão, o autor constata que o rádio se voltou para as necessidades individuais do povo. Ele é o companheiro que acompanha as diferentes horas do dia, em todos os espaços. Antes de audiência grupal, o rádio tornou-se objeto de uso individual. As programações são segmentadas por público-alvo (cf. p. 345).

A humanidade chegou, então, à televisão – o gigante tímido, diz ele. Este é o meio que, em relação à midiatização, mais influência tem ainda hoje. No entanto, no espaço dedicado à TV analisa mais seus impactos na vida de cada um – impactos psicológicos – do que seu impacto na sociedade em geral. Ou melhor, os impactos sociais causados pelo meio já foram levantados pelo autor em capítulos anteriores.

A televisão é um meio frio, na denominação do autor, pois envolve um alto grau de participação. Ao mesmo tempo que o rádio esquenta, a TV esfria, de maneira que, se a TV fosse popular na época de Hitler, provavelmente ele não teria chegado onde chegou. Sobre essa diferença, o autor esclarece a distinção entre meio quente e meio frio. O rádio é um meio quente, pois prolonga um único sentido em alta definição, com melhor desempenho. Ele não exige de seus usuários o mesmo grau de participação. Pode servir de acompanhante e proporcionar uma certa intimidade. A TV é envolvente e não serve de pano de fundo. É preciso estar com ela (cf. p. 350).

Em uma consideração do ponto de vista macro, McLuhan afirma que o homem eletrônico, envolvendo-se cada vez mais profundamente nas realidades da condição humana, não pode aceitar a estratégia da cultura escrita. Minorias rejeitarão os planos de uniformidade visual. As mulheres deram-se conta de sua exploração no *mundo do homem* e se rebelaram. A abordagem desses problemas em termos de homogeneização social é vista como uma última pressão da tecnologia mecânica e industrial. A era da eletricidade, que envolve a todos, uns aos outros, rejeitará as soluções mecânicas (cf. p. 355).

> É mais difícil prover a singularidade e a diversidade do que impor padrões uniformes de educação em massa; mas as condições elétricas, mais do que em qualquer outra época, tendem a engendrar justamente essa singularidade e essa diversidade (Ibidem).

Como se pode perceber, tal engendramento da singularidade e da diversidade pode resultar em sucesso ou em obstáculo para as instituições que se aventuram no mundo midiatizado.

Na era da eletricidade, a automação produz uma revolução industrial em que os empregos desaparecem e os papéis complexos reaparecem.

> Séculos de ênfase especializada na Pedagogia e na ordenação dos dados chegam agora ao fim com a imediata recuperação da informação e não apenas acaba com as qualificações no mundo do trabalho, como acaba com as "matérias" no mundo do ensino. Mas o mundo do ensino continua. O futuro do trabalho consiste em ganhar a vida na era da automação. Esta é uma situação familiar na tecnologia elétrica em geral. Chegam ao fim as velhas dicotomias entre cultura e tecnologia, entre arte e comércio, entre trabalho e lazer (p. 388).

Nesse sentido, o autor pontua que a era da informação exige o emprego simultâneo de todas as nossas faculdades e, por isso, descobrimos que os momentos de maior lazer são aqueles em que nos envolvemos mais intensamente, tal como os artistas.

Como síntese do papel que cada tecnologia da comunicação cumpre nos estamentos sociais, o autor faz um esquema: "Telefone: fala sem paredes. Fonógrafo: *music-hall* sem paredes. Fotografia: museu sem paredes. Luz elétrica: espaço sem paredes. Cinema, rádio, TV: sala de aulas sem paredes" (p. 318). Podemos nos perguntar o que seria a Internet para McLuhan dentro da visão sistêmica dos meios como extensões do homem.

Relacionado ao conceito de sociedade em rede, ele afirma que um dos principais aspectos da era elétrica é que ela estabelece uma rede global que tem muito do caráter de nosso próprio sistema nervoso. "Nosso sistema nervoso central não é apenas uma rede elétrica; constitui um campo único e unificado da experiência" (p. 390).

Quanto à era eletrônica, McLuhan destaca que energia e produção tendem a fundir-se com a informação e o aprendizado. "O mercado e o consumo tendem a formar um corpo único com o aprendizado, o esclarecimento e a absorção de informação. [...] A era eletrônica, literalmente, é uma era de iluminação" (p. 393). Os computadores são altamente especializados, mas, à sua época, careciam ainda de muita coisa para o completo processo de inter-relação necessário à consciência (cf. p. 394).

> Obviamente, eles podem chegar a simular o processo da consciência, assim como a rede elétrica global já começa a simular as condições de nosso sistema nervoso central. Mas um computador consciente ainda seria uma extensão de nossa consciência (Ibidem).

V I

A questão da midiatização

Depois de visitar a discussão sobre fenomenologia, de abordar as questões da unidade e totalidade em clássicos da filosofia, do sistema e da complexidade, e de se compreender os avanços das tecnologias como extensões do humano, avancemos agora para a questão da midiatização. Melhor dizendo, apenas agora podemos analisar a questão da midiatização na sua verdadeira complexidade. Para isso, tomemos alguns autores que vêm pensando as grandes transformações ocorridas no campo da comunicação nas últimas décadas.

Dominique Wolton e o pensamento comunicacional

Wolton reflete sobre a relação entre comunicação e sociedade baseado em três hipóteses. Primeiramente, faz algumas considerações sobre o estudo da comunicação, defendendo não haver qualquer tipo de estudo "natural" sobre esse objeto, pois sempre percebemos esse objeto de um ponto de vista, observando aquilo que nos interessa. Logo após, são apontadas algumas críticas sobre as teorias que afirmam serem os receptores dos meios de comunicação indivíduos passivos e manipulados pelas informações da mídia, bem como sendo essa uma ameaça à cultura, como inferia a Escola de Frankfurt.

Diante dessas teorias, Wolton[1] observa uma contradição, pois o modelo democrático que visa justamente a uma sociedade que possa ter autonomia e discernimento para escolher a política do país é visto como manipulável e não autônomo diante da mídia. O autor afirma que "existe sempre uma escolha possível, como em qualquer prática social, pode haver mecanismos de dominação, mas não de alienação. Isso pressuporia o desaparecimento da autonomia e da capacidade crítica do indivíduo" (2004, p. 60).

Dadas essas observações preliminares, Wolton destaca aquilo que pensa ser um dilema dentro dos estudos da comunicação, pelo menos dentro da sua teoria, abordando a relação entre dois conceitos de comunicação. O primeiro está relacionado com a comunicação como um elemento basilar da existência humana: "[...] a comunicação é sempre a busca do outro e de uma partilha" (p. 60). O segundo está relacionado com a criação da imprensa, em que a comunicação é vista como transmissão e difusão de informação. "Comunicar é difundir, por escrito, o livro e o jornal depois, através do telefone, do rádio e do cinema, a seguir por meio da televisão e da informática" (p. 57). A dicotomia desses significados perpassa toda essa obra do autor, de um lado representando aquilo que existe como "condição humana" e, de outro lado, a comunicação como processo fundamental para o desenvolvimento da cultura ocidental moderna.

Dentro do estudo da sociedade ocidental moderna, encontramos dois pontos de vista distintos (explícitos de forma política durante o período da Guerra Fria): uma corrente ideológica que busca o individualismo e outra, o bem-estar da massa. "O modelo da sociedade europeia valoriza, de um lado, o indivíduo, dentro da tradição liberal hierárquica, e, de outro lado, os números e as massas, na tradição socialista igualitária" (p. 61).

---

[1]   WOLTON, Dominique. *Pensar a comunicação*. Brasília: Editora Universidade de Brasília, 2004.

Esses dilemas perpassam também o estudo da comunicação e da sociedade contemporânea, pois uma sociedade individualista de massa convive com três dimensões basilares: o indivíduo, a massa e a comunicação (p. 62), assim como a própria modernidade apresenta um triângulo entre tecnologia, economia e sociedade. A comunicação acompanha e influencia a modernidade, de forma que essas duas tríades estão intrinsecamente ligadas.

Wolton afirma também que não podemos pensar uma teoria da comunicação distante de uma teoria da sociedade. Nesse sentido, comunicação e sociedade não estão relacionadas só no nível histórico. Também no nível teórico precisamos pensar comunicação e sociedade como algo relacionado. Uma teoria da comunicação deixa implícita uma teoria da sociedade, como afirma Wolton: "Não existe teoria da comunicação sem uma teoria da sociedade" (p. 62). Pergunta-se: não existiria aqui uma dialética entre a teoria da sociedade e a teoria da comunicação, onde uma não existiria sem a outra?

Seguindo suas análises sobre comunicação, entram em pauta outras duas questões: a técnica e a comunicação generalista. É feita uma crítica às teorias que afirmam que a técnica vai levar a transformações sociais por si. Para Wolton, a técnica não pode determinar a organização social de forma tão determinista nem levar a uma sociedade melhor por ela mesma. Sobre a comunicação generalista, ou seja, um modelo televisivo de concentração de informação em um meio/canal, o autor não pensa que as mídias temáticas individualizadas irão substituir as grandes mídias de massa. Pelo contrário, a fragmentação ocasionada pelas mídias individuais pode gerar a necessidade de um laço mais abrangente de todas as mídias individuais dispersas. "Quanto mais a sociedade é fragmentada, fragilizada pela exclusão ou por outras formas de hierarquia, mais o rádio e a televisão generalistas são uma solução, porque essas mídias estabelecem um laço entre os diferentes meios sociais" (p. 65).

Wolton se debruça, assim, sobre o problema do público. A recepção sempre foi problemática dentro do estudo da comunicação, principalmente nas teorias marxistas que afirmavam ser a mídia manipuladora e até embrutecedora dos sentidos. A sociedade entra em uma contradição quando pensa que o mesmo indivíduo que decodifica as mensagens políticas pode ser capaz de assimilar as mensagens da mídia de forma crítica. É melhor, dentro desse contexto, usar o termo interação e não alienação, pois o conceito de alienação exclui a autonomia e capacidade crítica do público.

Uma das limpezas conceituais feitas por Wolton se refere à diferença de três conceitos: mundialização, globalização e universalismo. O autor questiona se não deveríamos perguntar pelas contradições sociais, ideológicas e políticas que envolvem nossa sociedade. No entanto, o que se trata aqui não está somente relacionado com essas dimensões da vida humana. A cultura engloba essas dimensões particulares e também outras, sendo ela um termo amplo que está relacionado com o modo de cada sociedade. A comunicação se imbrica fortemente com a cultura, refletindo as características culturais de uma sociedade, assim como a sua política e a sua ideologia.

A comunicação lida com uma questão fundamental do ser humano: o encontro com o outro. A comunicação imediata atual diminuiu a barreira com o outro, produzindo, assim, um choque maior com ele. Todavia, o encontro com o outro é sempre traumático; quando nos batemos diretamente com ele, acabamos incomodados. Por isso a importância da diplomacia no relacionamento e distância com o outro. A comunicação lutou para diminuir as barreiras, mas parece que agora é urgente recriá-las.

As técnicas de comunicação não resolvem os problemas humanos de comunicação. Apenas levam para outra dimensão comunicativa, para as telas e teclados. Assim, os problemas que se tinha com o outro parecem ser os mesmos, porém talvez em outro suporte e com mais agilidade nas informações. A distância espaçotemporal amenizava o encontrar o outro, pois tínhamos tempo para nos preparar para esse encontro. Hoje o outro pode estar presente a todo momento, pode aparecer imediatamente, pode opinar, divergir, somar, desafiar, protestar, provocar, e isso pode mudar completamente nossa relação com ele.

Vivemos numa sociedade com mais transparência, onde, teoricamente, temos as informações sobre tudo o que acontece. Exemplo disso foi a Guerra do Vietnã, quando a mídia mostrava cenas fortes em horários de grande audiência, o que acabou gerando crises sociais em vários países. Hoje as guerras são escondidas ou parcialmente mostradas, isto é, o mostrar virou também uma estratégia de guerra. Na abertura do documentário intitulado *Control Room* ("Sala de Controle", em inglês), que trata da guerra dos EUA contra o Iraque em 2003, o produtor executivo da TV Al Jazeera, Samir Khader, afirma: "Não se pode fazer guerra sem rumores, sem meios de comunicação, sem propaganda. Qualquer estrategista militar que planeje uma guerra sem meios de comunicação, sem propaganda no topo da sua agenda, é um mau militar". Tal estratégia, porém, parece que banalizou o choque provocado por essas imagens, porque as guerras, hoje, são feitas para ser televisionadas. "Hoje, mata-se diante das câmeras" (WOLTON, 2004, p. 79).

Os últimos vídeos sobre execuções de prisioneiros, divulgados por militantes da organização Estado Islâmico, vêm apenas confirmar isso. O mesmo se pode dizer das imagens sobre destruição de monumentos históricos e culturais na Síria, as quais expressam as bases da civilização ocidental, promovidas pela mesma organização e divulgadas no início de 2015. As imagens de destruição de peças desse patrimônio cultural equivalem a desejar fazer ruir as bases dessa civilização. Destroem-se as imagens concretas para destruir a alma por elas representada.

Wolton traça um panorama dos avanços tecnológicos em comunicação na França mostrando que, apesar do atraso tecnológico até 1975, a França hoje é um dos países mais desenvolvidos em tecnologias de comunicação. Juntamente com o avanço técnico aparecem problemas teóricos e correntes teóricas.

Até a década de 1960, a pesquisa em comunicação era concentrada na imprensa escrita. Mesmo o rádio sendo algo bastante usado, não existia uma produção teórica sobre ele. Nesse período vem uma onda forte da corrente ligada às ideias da Escola de Frankfurt sobre a comunicação, que pensava ser o espectador, diante dos conteúdos ideológicos veiculados pela mídia, passivo. Associado a isso, a única forma de se rebelar contra esses mecanismos de controle e alienação seria a revolta. Percebe-se certo "estruturalismo", onde o receptor era constituído pelo contexto social e não havia possibilidade de *autonomia* perante os conteúdos da mídia, como esclarece Wolton:

> A resposta já é conhecida: o espectador é uma vítima, ele sofre. Ele pode escolher entre duas soluções: revoltar-se ou afundar na alienação. Não há espaço para uma ideia de uma autonomia do receptor. A vitória do estruturalismo foi avassaladora (p. 106).

A partir da década de 1980, a febre estruturalista vai se dissolvendo e começam a entrar em cena novos problemas, entre eles o da *recepção* dos espectadores diante da mídia. Nesse período começam a emergir teorias que apostam na inteligência do público, percebendo-o como um sujeito autônomo para significar os conteúdos da mídia. Começa a existir também uma demanda nos ambientes universitários sobre essas questões, tornando o estudo da comunicação um elemento relevante academicamente. Acabam por se delinear várias correntes teóricas: uma fortemente influenciada pelas ideias de Habermas, outra chamada pós-moderna, assim como as teorias otimistas.

Essas correntes criam um novo panorama da pesquisa em comunicação, especificamente na França, tornando-a relevante em termos sociais e acadêmicos. Mesmo com uma demanda social de estudos sobre a comunicação hoje, ainda é necessário um estudo acadêmico sério e preciso. Mesmo a mídia divulgando informações sobre esses fenômenos, um estudo acadêmico precisa se distanciar dessas *informações* veiculadas para compreendê-las. Wolton aponta para a necessidade de criar *conhecimento* no estudo da comunicação e não apenas informações.

Entre as conclusões desse panorama e de suas pesquisas sobre comunicação Wolton destaca que a comunicação não é uma disciplina específica, mas um campo de estudo interdisciplinar. Para o pensador francês, também é necessário pensar a comunicação em seu contexto, ou seja, em relação à sociedade e à cultura na qual está sendo estudada. Percebemos uma crítica às correntes teóricas que afirmam estar emergindo uma "aldeia global" ou uma cultura "mundializada". Segundo Wolton, a sociedade não apenas influencia a comunicação, mas contribui na sua estruturação com a sociedade e outras instituições.

Wolton destaca a existência de quatro correntes teóricas referentes à comunicação atualmente, quase como ramificações das duas primeiras correntes – dos apocalípticos e dos integrados (conceitos de Umberto Eco) –, porém com distinções basilares em relação à comunicação. São elas:

As lisonjeiras – Defendendo um otimismo em relação às novas tecnologias da comunicação, esta corrente apresenta a comunicação como algo que nos está levando a uma sociedade mais democrática e igualitária. A economia desenvolvida na sociedade tecnológica é o carro-chefe desta corrente, que prevê um redimensionamento dos fluxos de informação Norte-Sul e afirma que a sociedade está se direcionando para uma aldeia global.

Os críticos – Esta corrente tem uma visão "marxista" dos meios de comunicação. Para ela, os aparatos de comunicação alienam e manipulam os indivíduos. Os receptores têm apenas duas opções: rebelar-se ou continuar sendo alienados por esses mecanismos de dominação. A tecnologia de comunicação pode ser útil e boa se usada com outro projeto político. No contexto capitalista, a comunicação só serve de reprodução e afirmação do controle social.

Os empiristas críticos – Para esta corrente, a sociedade não será totalmente justa nem igualitária, e a comunicação está ligada ao ideal democrático. Para ela, algo de bastante relevância é a mediação do público sobre os conteúdos da mídia. O mesmo público que recebe os discursos da mídia vota e decide os rumos políticos do país. A comunicação de massa não é perversão da comunicação, porém uma condição para a democracia. Esta corrente aposta na inteligência do público, percebendo nele um componente importante e participativo na construção da comunicação.

Os niilistas – Esta corrente defende que não existe uma mudança na sociedade com o advento da democracia e da comunicação, embora algumas coisas possam estar melhores. Também defende que a sociedade não é manipulada pelos conteúdos veiculados na mídia e que talvez até possa ter uma visão crítica, todavia ela é enganada pelas imagens que criam uma falsa noção da realidade. Esta corrente parece ver nas imagens veiculadas na mídia apenas simulacros distantes da realidade efetiva.

Essas são quatro das correntes teóricas dominantes na França a respeito da relação comunicação e sociedade, ponto em que gira a teoria de Wolton. Tanto na relação da sociedade com a comunicação, na significação dos conteúdos, na influência dialética de um com outro, como no nível teórico, pois toda teoria da comunicação está relacionada com uma teoria da sociedade. Podemos fazer um panorama das diversas teorias da comunicação tendo como ponto de análise justamente a relação entre sociedade e comunicação.

A pesquisa da comunicação parece se deparar com essa problemática sociológica e metodológica. Isso fica evidente no pensamento de Wolton, para quem a relação entre uma concepção da sociedade e da comunicação está profundamente relacionada.

Jesús Martín-Barbero: dos meios às mediações

Martín-Barbero[2] busca fazer uma análise das correntes teóricas sobre a mídia no século XX. Para isso, começa no século anterior, comparando a concepção de dois movimentos opostos: o Romantismo e o Iluminismo. O primeiro, por dar valor ao que não é puramente razão, via nos elementos do povo um valor cultural. O movimento romântico, ao valorizar outros elementos, como os sentimentos e a subjetividade, percebe no povo um produtor de cultura e de significados. Por outro lado, o movimento iluminista vê no povo tudo o que vai contra a razão, ou seja, ignorância, superstição e desordem. Nesse sentido, percebemos que já consta dessa época uma certa aproximação ou distanciamento do povo, no modo de pensar a sociedade.

Com o descobrimento das civilizações primitivas, aparecem novamente pontos de vista distintos sobre essas culturas. Um movimento que percebia na cultura popular da Europa e nas culturas tribais da África um atraso diante da evolução racional da cultura erudita. Por outro lado, um movimento romântico, principalmente representado por Herder,[3] que criticava o racionalismo e mostrava que a história da humanidade é muito complexa para ser contada através de um princípio apenas, qual

---

[2]   MARTÍN-BARBERO, Jesús. *Dos meios às mediações;* comunicação, cultura e hegemonia. Rio de Janeiro: Editora UFRJ, 2009.

[3]   Filósofo e escritor alemão do século XVIII, Johann Gottfried von Herder escreveu diversas obras sobre filosofia, educação, linguagem e literatura.

seja, a razão. Herder mostrara a importância da cultura popular como produção criativa ao fazer estudos sobre as canções e poemas populares, apontando a existência de uma autenticidade e verdade nessa produção que não se encontraria em outras formas de produção.

No desenvolvimento de seu trabalho, Martín-Barbero visita diversas correntes sociais conforme sua postura diante do popular. Ele faz, inicialmente, uma análise do anarquismo e do marxismo.

Para ele, o anarquismo tem por princípio combater todas as formas de opressão que a sociedade exerce sobre os oprimidos. Diferente do marxismo, a luta anarquista é, de certa maneira, maior e mais ampla. Não se luta apenas contra a injustiça econômica, mas também contra as várias formas de repressão que a sociedade impõe ao sujeito. Nesse sentido, a luta libertária está estreitamente relacionada com o povo e o popular. A cultura do povo constitui um material de potencial resistência contra a opressão.

Paralelo a isso, a concepção de povo anarquista se aproxima do Romantismo por valorizar uma estética contra qualquer autoritarismo e buscar uma arte espontânea e que use a imaginação. Todavia, distancia-se do Romantismo por não valorizar uma expressão subjetiva do indivíduo, mas sim um falar coletivo. Como explicita Martín-Barbero, "o que faz autêntica uma arte é sua capacidade de expressar a voz coletiva" (2009, p. 45). Junto a isso, o pensamento anarquista associa arte e vida, entendendo a arte como uma experiência da vida. Não necessariamente de grandes gênios da arte, mas também no trabalho manual mais simples, onde existe uma arte que está relacionada com uma forma de viver.

No marxismo, o popular toma um rumo divergente do anarquismo. A teoria marxista pensa as formas de exploração intrinsecamente ligadas à economia, e a exploração é essencialmente econômica. Assim, a figura do indivíduo explorado é a do proletário. Diante disso, o marxismo se preocupa mais com a articulação política da classe trabalhadora para derrubar a burguesia opressora. O marxismo, de certa maneira, tem um ideal de progresso, onde o comunismo seria uma evolução qualitativa da sociedade capitalista. Segundo Martín-Barbero (2009), até mesmo Marx previa que as sociedades primitivas deveriam evoluir até o capitalismo para passar ao comunismo. A corrente marxista russa, que visava sair de um Estado feudal para o comunismo, necessitou de novas interpretações da obra de Marx.

Partindo disso, o marxismo atribui à figura do proletariado a possibilidade de mudança política e, como consequência, de transformação econômica do capitalismo para o comunismo. O popular é articulado com a figura da organização proletária que visa à revolução. As consequências estéticas desse pensamento chegaram a uma valorização do "realismo". A arte boa é aquela que retrata a realidade e leva em direção à revolução. Isso culmina na valorização maior da "cultura proletária" do que dos experimentos de vanguarda. Como ocorre na teoria de Lukács, onde o realismo de Thomas Mann é melhor visto que os experimentos narrativos das vanguardas. Como elucida Martín-Barbero (2009, p. 51): "Em ambos, o que se condena como associal por ser individualista, ou antissocial por ser burguês, é o experimentalismo: a capacidade de experimentar e, a partir daí, questionar as 'pretensões de realidade' que encobriam o realismo".

Entretanto, para Martín-Barbero, hoje experimentamos uma outra realidade, consubstanciada no axioma "Nem povo nem classes: a sociedade de massa" (2009, p. 52).

O problema por trás de uma teoria da cultura de massas é anterior às primeiras teorias propriamente ditas. Anterior ao conceito de massa temos o conceito de povo, que começa a se tornar preocupante com o desenvolvimento do capitalismo e da indústria na Europa do século XIX. Uma teoria do povo emerge quando este se torna parte constituinte da sociedade, ou pelo menos passa a se tornar importante para a teoria política democrática. O povo começa a ganhar espaço na sociedade através do avanço nos regimes igualitários e democráticos, aliás, muito recente na história da humanidade.

Tocqueville percebe esse avanço como algo problemático, sendo pessimista diante de uma sociedade onde todos parecem iguais. Para o pensador, o processo de industrialização e o avanço da democracia levariam a um processo de degradação da sociedade.

De outro lado, Engels, analisando o processo de industrialização, percebe uma homogeneização da exploração levando a uma consciência coletiva da injustiça. Juntamente com tais teorias sobre o povo surge o conceito de massa, associado justamente a esse processo de homogeneização e mediocridade coletiva.

Entre as reflexões sobre a massa encontramos o problema da psicologia das massas. Um dos primeiros teóricos dessa linha é Le Bon, que apresenta uma concepção conservadora. Para o sociólogo francês, a massa representa justamente aquilo que de mais baixo existe no ser humano. Le Bon é confrontado com Freud, divergindo de opiniões sobre o fenômeno da massa e do inconsciente. No pensamento de Le Bon, o inconsciente possui traços da raça, como uma memória biológica de um povo, o que dará espaço para uma teoria nazista. Por outro lado, Freud vê o inconsciente como constituído daquilo que é reprimido no indivíduo. Num fenômeno de massa, apenas vêm à tona coisas que estão reprimidas no indivíduo. Dessa maneira, para Freud a massa não é algo pior que os indivíduos, mas manifesta o que está reprimido neles.

Observamos aqui duas concepções divergentes. De um lado, Le Bon percebe nos comportamentos de massa algo estranho ao indivíduo e algo baixo, degradante, ao ser humano. De outro lado, Freud percebe nos fenômenos de massa uma potência de produção, afirmando: "Seria necessário, além disso, precisar quanto devem o pensador e o poeta aos estímulos da massa" (MARTÍN-BARBERO, 2009, p. 59).

Há, portanto, uma concepção pessimista que defende a negatividade da massa e sua inferioridade diante do indivíduo e outra que mostra que não existe nada de realmente estranho na massa que já não se encontre nos indivíduos, assim como também defendendo a possibilidade produtiva da massa e do popular.

Seguindo a trajetória histórica sobre o conceito de massa, Martín-Barbero analisa a teoria conservadora de Ortega y Gasset. Segundo ele, para o filósofo espanhol a sociedade anda em direção a uma ditadura da mediocridade, pois na democracia o aumento da importância da massa é visto como um fator preocupante. A massa, para Ortega y Gasset, representa justamente a falta de racionalidade e a negação de qualquer tipo de inteligência. Uma sociedade guiada pela massa é uma sociedade guiada pelo que ela produz de mais baixo. Isso reflete o pensamento estético de Gasset, para quem a arte moderna veio para colocar uma massa que ascendia à cultura e aos bens de consumo novamente em seu lugar. A grande arte moderna vem para mostrar para a massa que ela não sabe o que é cultura e que continua distante, mesmo tendo acesso a determinados bens culturais.

Importante salientar que essa concepção não apenas se refere a uma sociedade democrática, mas também à ascensão dos regimes nazifascistas, tendo em vista a concepção de arte tradicional desses regimes e seu desprezo pelos experimentos de vanguarda.

De outro lado, encontramos teorias que defendem o problema da comunicação de massa como cultural. Essas teorias têm como posição afirmar que categorias como alta cultura ou baixa cultura são ultrapassadas. Também defendem que outro tipo de sociedade nasce com o advento dos novos meios de massa, percebendo o termo massa não como algo negativo e sim como uma nova forma de articulação social. "A cultura de massa é a primeira a possibilitar a comunicação entre os diferentes estratos da sociedade" (MARTÍN-BARBERO, 2009, p. 67). Assim, os novos meios não degradam a cultura, contribuem para a sua divulgação.

Diametralmente opostas aos teóricos conservadores europeus e ao marxismo da Escola de Frankfurt, essas teorias percebem tais fenômenos como uma nova cultura que nasce e não como a morte da cultura. Mostram que os novos meios de comunicação merecem novas concepções e, de certa forma, tendem a percebê-los como um fato que direcione a certa igualdade entre classes.

Diante do problema da massa, não se pode deixar passar um texto "clássico" de Adorno e Horkheimer: "A indústria cultural: o iluminismo como mistificação das massas", onde aparece pela primeira vez o conceito de indústria cultural. Para esses pensadores, a cultura de massa era uma degradação da cultura e uma festa com a exploração capitalista. Adorno faz uma forte crítica ao jazz e também ao cinema, afirmando que ambos não passavam de uma arte baixa e fortaleciam as relações de exploração do capitalismo. O cinema em si era a representação do domínio capitalista. Não existia qualquer possibilidade de autonomia estética para o cinema. Esse meio essencialmente de massa estava fadado ao processo industrial e todos os problemas que lhe advinham. Essa indústria cultural é justamente a criação de um produto e a sua necessidade.

Segundo Adorno, tudo se comercializa no capitalismo, tudo vira mercadoria, e as artes acabam por se tornar meros objetos de consumo. Diante do crescimento desse consumo hedonista da arte, Adorno defende que o papel da grande arte ou da arte crítica é justamente se distanciar dos clichês da indústria e da produção artística por prazer.

Indústria e cultura parecem ser conceitos divergentes e deve-se entender que, para a época, eram mais chocantes juntos do que hoje. A filosofia da Escola de Frankfurt percebe no processo de produção e consumo da arte – tanto de massa como da alta cultura, como do cinema, da música etc. – um achatamento mercadológico. Assim, a boa arte é a arte consumível, que levante bilheteria. Adorno denuncia que a qualidade da arte passa a ser secundária diante dos números de consumidores e do retorno financeiro. A arte se torna mercadoria, esse é o temor de Adorno.

Nesse sentindo, chega-se a uma espécie de ascética estética, onde o prazer é visto como algo menor. A grande arte não é a que traz prazer, mas sim a que tem grandeza estética. Por esse motivo, Adorno valoriza mais Schönberg que Stravinsky. O primeiro representa justamente a *autonomia* estética, enquanto o outro, as colagens e citações. Segundo Martín-Barbero, Adorno chega a um nível de elitização estética que o aproxima do pensamento conservador de Gasset.

O debate introduzido pelos pensadores alemães de Frankfurt acaba por gerar grande repercussão, tendo bastante êxito na Academia e sendo elaboradas muitas atualizações e ressignificações de suas ideias. Entendido como o processo de industrialização dos bens culturais, esse conceito denuncia a mutação da cultura em um campo de produção para o consumo. O ponto de partida é a tese que defende a impossibilidade de produção de arte na indústria, isto é, que arte e indústria são fenômenos antagônicos e irreconciliáveis.

Vimos que duas posições se delimitaram até aqui. Uma mais otimista quanto aos meios de comunicação de massa e outra pessimista. O pensamento europeu de tendência pessimista é embasado numa concepção aristocrática e percebe o povo como algo negativo, assim como percebe os fenômenos de massa como algo nocivo e degradante para a cultura. Por outro lado, os pensadores latino-americanos, especialmente, percebem uma nova cultura, passível de levar maior igualdade para a sociedade democrática.

Continuando com o foco na Escola de Frankfurt, Martín-Barbero apresenta as ideias de Benjamin. Apesar de ser considerado integrante do mesmo grupo dos teóricos críticos, Benjamin se distancia, de forma considerável, do pensamento de Adorno e Horkheimer. Tanto na sua aplicação metodológica quanto no seu entendimento dos fenômenos da nova cultura de massa, Benjamin destoa dos pensadores frankfurtianos.

Para ele, a realidade era múltipla, impedindo, dessa maneira, fazer uma leitura sobre ela desde um ponto de vista específico. Benjamin migra de assuntos e problemas e os relaciona sem culpa. Ademais, seu próprio método visa pensar os acontecimentos do mundo através dos fatos marginais. É necessário pensar a história através daqueles que sempre foram marginais e excluídos, assim como pensar a cultura através das artes menores e até mesmo das novas configurações das cidades.

Com a perda da aura da arte e com a ascensão do cinema, Benjamin aponta um novo tipo de percepção que nasce desses fenômenos. A própria experiência de massa interessa ao filósofo, que afirma ser um novo *sensorium*. Benjamin não se desespera com os marginais ou com a negatividade da sociedade, mas percebe justamente nesses elementos algo de potência. Mesmo no oprimido sempre reside a possibilidade de resistência. Isso diverge do pensamento de Adorno, que via nos meios de comunicação de massa nada menos que "um instrumento fatal de alienação totalitária" (MARTÍN-BARBERO, 2009, p. 87).

O conceito de indústria cultural também foi trabalhado por outros teóricos, como Edgar Morin, conforme aponta Martín-Barbero. O pensador francês faz uma releitura da indústria cultural, percebendo os novos elementos da transformação que ocorre na sociedade midiatizada como mudanças qualitativas. Para ele, a própria realidade passa pela aparelhagem da indústria cultural e da mídia, modificando não apenas a forma de produção e consumo da cultura como também a relação com a realidade.

O ponto central da reflexão de Jesús Martín-Barbero é a proposta de se passar da análise dos meios para as mediações. O termo mediações nos remete a outra postura diante da problemática da comunicação na sociedade. Antes de analisar o caráter essencialmente econômico – produção e consumo – dos meios de comunicação, visa percebê-lo como uma produção cultural. Objetiva, ademais, ver a relação da produção cultural das massas diante desses artefatos de comunicação. Martín-Barbero parte de uma cultura já estabelecida nas massas populares para pensar a comunicação, refutando distinções de cultura de elite e popular. Por certo, existe uma cultura da massa, a cultura do bairro, da produção popular de arte (música, pichação, grafite etc.), e esses elementos não são aniquilados esmagadoramente pelos meios de comunicação de massa.

Martín-Barbero faz uma longa análise da cultura do bairro, mostrando o potencial criador e constituinte da cultura popular, assim como das pessoas que vivem nos bairros. Percebendo que o bairro não apenas produz cultura como também gera uma identidade para os moradores, o autor aponta que "bons exemplos da criatividade estética popular na cidade são os grafites ou pichações, as decorações de ônibus, o arranjo das fachadas, os *cartuns* e até a cenografia das vitrines de armazéns populares" (2009, p. 278).

Percebe-se, assim, um olhar para os fenômenos populares, e até mesmo os mais insignificantes, como uma possibilidade de produção criativa, estética e cultural. Tomando distância das concepções elitistas e pessimistas, partindo dessa concepção do popular é que podemos ter outro olhar para a mídia. Ademais, por trás de qualquer concepção da comunicação existe uma concepção da sociedade e também da cultura. Fazendo uma limpeza dos elitismos e das concepções instrumentalistas dos meios de comunicação, o autor busca pensar a comunicação dentro do tecido da cultura, levando a uma nova compreensão desse processo.

Uma concepção "teológica" do poder – uma vez que este era considerado onipotente e onipresente – levou à crença de que bastava analisar os objetivos econômicos e ideológicos dos meios massivos para se descobrirem as necessidades que provocavam e como submetiam os consumidores (MARTÍN-BARBERO, 2009, p. 281).

Respondendo, de certa maneira, às concepções pessimistas diante da política numa sociedade em midiatização, o autor mostra que, antes de um acontecimento apocalíptico da política, o que ocorre é a transformação do fazer político. A política se faz dentro da cultura, assim uma mudança na cultura leva a uma mudança dentro do campo político, que, na América Latina, em especial, ocorre dentro de espaços culturais formais de resistência política. Como na época da ditadura, quando existiam resistências dentro da Igreja e no campo das artes. Martín-Barbero mostra que a cultura se constitui como um fator importante para a sociedade, criando possibilidade de posicionamentos políticos de oposição e constituição de resistências diante mesmo do veiculado nos grandes meios de comunicação.

> Pensar os processos de comunicação neste sentido, a partir da cultura, significa deixar de pensá-los a partir das disciplinas e dos meios. Significa romper com a segurança proporcionada pela redução da problemática da comunicação à das tecnologias (MARTÍN-BARBERO, 2009, p. 287).

O autor avança, na sua reflexão sobre a questão da comunicação, abordando, em obra posterior, a relação entre razão técnica e razão política, inquirindo sobre conceitos não pensados. Nesse sentido, busca pensar o problema da técnica como algo filosófico, distanciando-se de uma concepção apocalíptica da técnica, mostrando que desde Platão já havia uma reflexão da técnica. Contudo, seu foco se dá partindo da fenomenologia. Husserl[4]

---

[4] A visão de Husserl está nas páginas 25-28.

percebia a técnica como um problema filosófico associado ao problema do conhecimento científico. Descrevia um pensar o mundo a partir de fórmulas e métodos científicos como instrumentos pertencentes ao conhecimento científico. Também para Husserl, a técnica constitui um novo modo simbólico na vida humana.

Até mesmo Engels fez reflexões importantes sobre a técnica, mostrando que diante do desenvolvimento técnico de sua época o homem é moldado, psicológica e fisicamente. A mão do homem do Paleolítico não é a mesma do homem moderno; essa será uma das teses do pensamento de Engels diante da técnica. Partindo disso, pensar a técnica se torna algo complexo e um problema filosófico relevante.

Heidegger[5] também se dedicou ao problema da técnica, vendo nela algo que distancia o homem da autenticidade do ser. Para Heidegger, a verdade do ser é a temporalidade e, consequentemente, a morte. Perceber a autenticidade do ser é se compreender como um ser-para-morte, em bom alemão: *Sein-zum-Tode*. A técnica preocupa o homem com adjetivos, com superficialidades, distanciando-o da reflexão temporal e da consciência da finitude.

Em seu texto "A questão da técnica", Heidegger problematiza a essência da técnica. No entanto, distancia-se de uma concepção instrumental. Para o pensador, a essência não tem nada de técnico. Ao contrário, a essência revela algo do humano. Portanto, compreender a essência da técnica é compreender a essência do fazer humano.

Continuando sua análise sobre a técnica, Martín-Barbero chega ao problema dos meios de comunicação como espaços de avanço técnico e de mudança na estrutura da sociedade. Pensar, pois, que hoje existe um fim da política ou do espaço político seria algo extremo e não necessariamente verdadeiro. O que ocorre

---

[5] A visão de Heidegger está nas páginas 28-30.

hoje é um redimensionamento do espaço político, influenciado por aparatos publicitários e midiáticos. Hoje, portanto, não se pode falar de política sem falar de mídia.

Contrariamente aos pensadores pessimistas que percebem as modificações no campo da política como o seu fim, ou apenas um crescimento publicitário do fazer político, Martín-Barbero aponta para uma nova forma de participação política e uma nova maneira de ser cidadão. Para o pensador, não se pode pensar em política hoje sem associá-la à comunicação. Juntamente com isso, percebemos uma reconfiguração do espaço político. Existem três eixos de problematização para o autor: a reconstrução do público, a constituição dos meios e imagens no espaço de reconhecimento social e as novas formas de existência e exercício da cidadania.

Martín-Barbero afirma que devemos levar esses três fatores em conta quando pensamos na política atualmente. A política se dá através de artefatos publicitários, porém devemos perceber as mediações que são feitas desses signos, bem como a emergência das novas mídias interativas como um fator de transformação da relação do cidadão com os outros, com os veículos de comunicação, a informação, a educação, a cultura, até mesmo com as formas de afetos. Perceber isso é estar preparado diante das modificações sociais proporcionadas pelas tecnologias.

Ademais, todos os fatos citados anteriormente contribuem simultaneamente para a constituição de um "ecossistema comunicativo", conforme Martín-Barbero. Essa ideia representa a problematização da política nos tempos atuais. A política se volta para os meios de comunicação, para as imagens, a criação de signos, *slogans* etc. Tudo isso revela o lugar da política em uma dimensão simbólica na sociedade atual.

Muniz Sodré e o estágio atual do processo de midiatização

A linha condutora da reflexão para entender o atual estágio do processo de midiatização da sociedade obedece ao que aponta o pesquisador Muniz Sodré na obra *Antropológica do espelho*.[6] A tese fundamental do autor expressa-se na concepção de um novo bios, o *virtual*, nascido a partir das novas tecnologias da comunicação.

O autor propõe uma relação entre o conceito de midiatização e a ideia de espelho. Para isso, aponta uma alteração na mídia tradicional, ou "linear", como a TV e o cinema, onde as imagens são representadas realisticamente para a audiência, enquanto nas novas mídias digitais o usuário insere-se na própria realidade midiática, substituindo a participação representativa, que se dá pela contemplação, pela participação direta.

O espelho midiático atual, portanto, não é uma mera reprodução, reflexo, porque envolve uma nova forma de viver, onde os indivíduos são incluídos, com características diferentes de espaço e tempo, em relação à mídia linear. Trata-se, segundo Sodré, de uma nova vida, diretamente ligada a intervenções na dimensão espaço-tempo, uma nova configuração social a partir do bios *virtual*, uma realidade, a princípio, não conflitante com o real histórico.

Embora o espelho midiático não se traduza em reflexo puro da realidade, há condicionantes que agem sobre esta reflexão, que, por sua vez, age diretamente na vida social. Tendo a tecnologia como processo deflagrador, a "midiatização" está inserida num campo social de "interatividade absoluta e conectividade permanente" (2010, p. 24).

---

[6] SODRÉ, Muniz. *Antropológica do espelho*. Petrópolis: Vozes, 2010.

Diante das novas mídias, contudo, Sodré enfatiza que essa passagem – da mídia de massa para os novos aparatos da tecnologia virtual – não leva a uma extinção da antiga mídia tradicional, mas a uma coexistência e integração dessas "duas" mídias. Todavia, essa mudança tecnológica provoca transformações na sociedade e nas relações individuais. Isso gera certa segmentação da forma de produção dos programas e também da audiência desses programas. Ele exemplifica demonstrando que, na lógica de progressão, existia a televisão com canais abertos, depois houve a TV fechada e por assinatura; hoje em dia temos a TV integrada com a Internet, fornecendo maior liberdade de escolha para o espectador. Percebe-se a modificação que isso gerou na mídia de massa, um fenômeno de maior abertura do leque da programação.

Para o autor, a mídia (meios e hipermeios) implica, portanto, uma nova qualificação da vida, uma nova forma de viver em sociedade, a partir do surgimento de uma forma de articulação da vida completamente nova, uma mutação da existência. É o que ele explica ao descrever o conceito de midiatização:

> Implica a midiatização, por conseguinte, uma qualificação particular da vida, um novo modo de presença do sujeito no mundo, ou, pensando-se na classificação aristotélica das formas de vida, um bios específico. Logo nas primeiras páginas de sua *Ética a Nicômaco*, Aristóteles distingue, a exemplo do que já fizera Platão no *Filebo*, três gêneros de existência (bios) na *Polis*: bios *theoretikos* (vida contemplativa), bios *politikos* (vida política) e bios *apolaustikos* (vida prazerosa, vida do corpo) (p. 25).

Experimentamos, neste quadrante da humanidade, portanto, o surgimento de um quarto bios, o bios *virtual*. A contemporaneidade se rege pela midiatização, tendência à virtualização das relações humanas. Desse modo, a distinção entre mediação e midiatização se explica pelo fato de que a segunda é, de acordo com o autor, uma ordem de mediações socialmente realizadas no sentido da comunicação entendida como processo informacional, que vem "a reboque de organizações empresariais e com ênfase num tipo particular de interação [...], caracterizada por uma espécie de prótese tecnológica e mercadológica da realidade sensível, denominada *medium*" (p. 22). Chamando isso de *tecnointeração*, Sodré afirma que se trata de dispositivo cultural historicamente emergente no momento em que o processo da comunicação é técnica e industrialmente redefinido pela informação.

Diferentemente da mídia tradicional, linear, os ambientes digitais permitem ao usuário entrar e se mover, "trocando a representação clássica pela vivência apresentativa" (p. 23). A midiatização faz com que o homem e sua imagem pouco se diferenciem nas interações sociais. Trata-se de um processo histórico, iniciado, segundo o autor, no pós-guerra, e que "vem alternando costumes, crenças, afetos, a própria estruturação das percepções, e agora se perfaz com a integração entre os mecanismos clássicos da representação e os dispositivos do virtual" (p. 24), trazendo grandes implicações no próprio modo de ser da pessoa enquanto indivíduo e enquanto sociedade.

Para o autor, a midiatização se traduz, portanto, num quarto bios, isto é, uma nova sociabilidade, uma nova forma de vida intensamente tecnológica, com tempo e espaço próprios.

> Como quarta esfera existencial ou quarto bios "aristotélico", a mídia é levada a encenar uma nova moralidade objetiva – consentânea com a reforma cognitiva e moral necessária à ordem do consumo –, pautada pela criação de uma eticidade (no sentido, parcialmente hegeliano, de costumes e rotinas socialmente dadas) vicária e de conteúdos "costumbristas" (desde a produção do "atual" até a reiteração de uma atmosfera familiar e formas de vida variadas), a partir de ensaios, "negociações" discursivas ou interfaces com o *ethos* tradicional (p. 51).

Decorrente da evolução tecnológica, que faz surgir esse novo *ethos*, cria-se uma eticidade própria onde se "fetichiza a realidade e reduz a complexidade das antigas diferenças ao *unum* do mercado" (p. 11). É um novo, que modifica os modos de articulação dos mais diversos campos da vida humana, desde as comunicações pessoais até a forma de fazer política. Na realidade, cria-se um novo ordenamento das coisas, do mundo, um "novo modo de contabilização do real" (p. 76). Isso porque a tecnologia se configura como uma espécie de nova "natureza", porque, de acordo com o autor, dela provêm os objetos que compõem o ambiente ou o mundo vital de hoje e porque ela se impõe como uma ordem de determinações praticamente absoluta, definindo o cotidiano e os modos de vida a partir de uma arquitetura própria de valores. "Na alimentação, no cotidiano, na saúde, na organização do trabalho, nas esperanças de prolongamento do tempo de vida, a tecnologia reduz a esfera do indeterminado, do que não depende da ação humana" (p. 77).

Relacionada a esse dinamismo aparece a questão dos hábitos e costumes. O hábito de uma sociedade se constitui pela sua repetição cotidiana, podendo ser denominado como cultura. Todavia, existem sempre elementos que modificam os hábitos da vida humana. A tecnologia digital, a TV, as mídias de forma geral afetam o cotidiano da vida pessoal e coletiva e criam novos hábitos para a sociedade. Entretanto, a mídia acaba por ir além de simples hábitos. "Se partirmos da afirmação aforística de hábito como uma 'segunda natureza', chegaremos necessariamente à ideia do bios *midiático* como uma 'terceira natureza' humana" (p. 51).

Fazendo uma análise da transformação social decorrente dos aparatos tecnológicos atuais, o autor entende que as definições ético-morais são apoiadas em objetos da produção cultural, ao operarem uma espécie de clonagem imagística do mundo por meio das imagens cinematográficas e televisivas ou pela visualidade computacional das redes. "Por isto, o 'espelho' midiático, com todas as suas variadas técnicas de verossimilhança 'naturalista' [...] é, em si mesmo, gerador de um novo tipo de controle moral, publicitário-mercadológico" (p. 53).

Trata-se, segundo o autor, de uma tecnocultura, que é constituída pelo mercado e meios de comunicação (quarto bios) ao transformar as formas tradicionais de sociabilização, gerando, em consequência, uma nova tecnologia perceptiva e mental. "Implica, portanto, um novo tipo de relacionamento do indivíduo com referências concretas ou com o que se tem convencionado designar como verdade, ou seja, uma outra condição antropológica" (p. 27).

Essa realidade "imagética" influencia os hábitos e costumes, levando a criar uma nova forma de construção ética, onde o reconhecimento social é o grande objeto a ser buscado, junto com o "bem" do ato de consumir, agora legitimado como ação inerente aos ideais de vida feliz, portanto, desejado. Dentro dessa nova forma de relacionamento com a realidade existe um espaço na grande mídia que cria uma concepção de real "esteticizada" na figura publicitária do agradável. A articulação moral que provém dessa cultura midiática é portadora de um fim ideológico do consumo, substituindo qualquer grande sistema moral por diversas formas de comportamento que se assemelham pelo consumo.

Na realidade, a transição de uma mídia unidirecional para uma mídia interativa na virada do século coincidiu com a aceleração da expansão do capital, da globalização. Para o autor, o antigo fenômeno globalista tem pouca coisa nova além da "financeirização" do mundo capitaneada pela vocação imperial dos Estados Unidos. A novidade é a "base material caracterizada por verdadeira mutação tecnológica, que decorre de maciça concentração de capital em ciências como engenharia microeletrônica (nanotecnologia), computação, biotecnologia e física" (p. 12).

Apesar de perceber uma grande importância do processo de midiatização da sociedade, Sodré mantém uma crítica à sociedade atual. Revela uma discordância crucial diante dos pensadores que afirmam que as tecnologias digitais são uma "revolução". Perante essa postura, o comunicólogo brasileiro propõe não uma revolução, mas uma mutação tecnológica. Nessa revisão conceitual ele destaca alguns aspectos sobre o que é ou não revolucionário. Para o autor, uma revolução modifica não só o hábito de uma sociedade, mas transforma o próprio sentido da sociedade, mudando não apenas o comportamento social como também a teleologia do modo de produção. No entanto, afirma Sodré, as atuais modificações tecnológicas afetam a vida, mas são uma repetição (potencialização) do sistema que emergiu no século XIX. Com isso, ele firma sua postura em relação a um dos fenômenos mais populares do século XX: "Não há nada de verdadeiramente 'libertário' nos ritos do *rock'n roll* e do consumo, há tão só coerência liberal" (p. 28).

A mudança comportamental da midiatização é vista por Sodré apenas como uma afirmação dos valores da sociedade liberal, não existindo uma mudança efetiva na forma econômica e na vida política das sociedades. Partindo da classificação aristotélica, o autor diz que a midiatização deve ser pensada

> como tecnologia de sociabilidade ou um novo bios, uma espécie de *quarto âmbito* existencial, onde predomina (muito pouco aristotelica-mente) a esfera dos negócios, com uma qualificação cultural própria (a "tecnocultura"). O que já se fazia presente, por meio da mídia tra-dicional e do mercado, no *ethos* abrangente do consumo, consolida-se hoje com novas propriedades por meio da técnica digital (p. 25).

Sodré defende, então, que não estamos passando por uma revolução informacional, mas apenas por uma transformação, uma mutação tecnológica, já que as estruturas de poder conti-nuam as mesmas do liberalismo. Uma das características mar-cantes dessa mutação tecnológica é a hibridização das formações discursivas (som, imagem, texto) no hipertexto ou hipermídia. "Se a [Revolução] Industrial centrou-se na mobilidade espacial, a da Informação centra-se na virtual anulação do espaço pelo tempo, gerando novos canais de distribuição de bens e a ilusão da ubiquidade humana" (p. 14).

O autor destaca que "já é lugar-comum afirmar que o desenvolvimento dos sistemas e das redes de comunicação transforma radicalmente a vida do homem contemporâneo, tanto nas relações de trabalho como nas de sociabilização e lazer" (p. 15). Vivemos hoje, diz ele, uma tecnocultura, isto é, uma cultura da simulação ou do fluxo que faz da "representação apresentativa uma nova forma de vida. Saber e sentir ingressam num novo registro, que é o da possibilidade de sua exteriorização objetivante, de sua delegação a máquinas" (p. 17).

Afirmando que é largo o espectro das transformações epocais, o autor entende que o atual estágio de desenvolvimento mudou, por exemplo, a natureza do espaço público, antes animado pela política e pela imprensa escrita. "Agora, formas tradicionais de representação da realidade e novíssimas (o virtual, o espaço simulativo ou telerreal da hipermídia) interagem, expandindo a dimensão tecnocultural, onde se constituem e se movimentam novos sujeitos sociais" (p. 19).

Muniz Sodré expõe sua desconformidade também diante daqueles que propugnam uma era pós-midiática, enfatizando que o conceito "pós-mídia" não deve ser acatado, já que o conceito *medium* ainda vigora, significando "um fluxo comunicacional, acoplado a um dispositivo técnico e socialmente produzido pelo mercado capitalista, em tal extensão que o código produtivo pode tornar-se 'ambiência' existencial. Assim, a Internet, não o computador, é *medium*" (p. 20).

> O *medium* televisivo [...] permanece ainda hoje como fulcro da mídia tradicional, enquanto o virtual e as redes (Internet), até agora isentos do regime de concessões estatais, apontam para caminhos ainda não totalmente discerníveis. Indiscutível é a evidência de que tempo real e

espaço virtual operam midiaticamente o redimensionamento da relação espaçotemporal clássica (p. 20).

Ao mesmo tempo, a mídia é também levada a encenar uma nova doxa, no antigo duplo significado de "opinião" e "celebridade", explica Sodré, a partir da qual se fala e se reconhece o valor social do outro. Com a Internet, mais do que encenação, assevera ele, há uma verdadeira virtualização do mundo, com possibilidades de caos e acaso. Trata-se, então, de um reordenamento social, em cujo interior os conteúdos, os significados, são naturalmente afins ao código de circulação das mercadorias, cuja economia, destaca o autor, responde pela manutenção do sistema. Mas a repetição acelerada faz exaurir o conteúdo, que "perde a importância para a forma lógica do sistema que se impõe como vigência de um princípio sem significado e progressivamente sem apoio em referências concretas da realidade histórica – "o meio é a mensagem", como estipula a formulação mcluhaniana" (p. 51).

Sodré demonstra, assim, as diferenças e o diálogo que ocorre entre os dois mundos: real histórico e real virtual. "É como se fossem dois sistemas operativos baseados em regras diferentes – dois "mundos" – e cada um deles, mesmo em contínua interface, apenas projetasse a sua sombra, um simulacro de funcionamento, sobre o outro" (p. 55).

Outra crítica feita por Sodré dirige-se às teorias que pensam os efeitos da mídia sobre a sociedade como algo epidérmico. Avesso à concepção da mídia como uma "indústria de manipulação das consciências" (p. 28), ele percebe a influência da mídia dentro de uma agenda que é significada de forma complexa.

Na realidade, a mídia cria um ambiente discursivo que pode modificar a forma como vemos um determinado lugar, um grupo social etc. Todavia, não pode determinar uma certa visão sobre algo. Contudo, pode nomear algo e, fazendo isso, criar uma visão sobre tal fato. Discorrendo sobre isso, Sodré enfatiza que "a mídia não determina coisa alguma, como se vê, mas prescreve" (p. 61). Para o autor, portanto, a força da mídia está na sua condição de agenda para a sociedade, em que ela é reestruturadora de percepções e cognições.

Aqui entra uma segunda questão presente na obra de Sodré, que são os efeitos políticos do processo de midiatização. Nesse ponto o autor trata das consequências que a midiatização traz à política das nações, destacando a força que a mídia tem nas determinações dos resultados de uma eleição. Ele ressalta que os candidatos, e até mesmo os políticos atuantes, esforçam-se mais para construir uma imagem ideal, para aparecer na mídia, do que um caráter real. Antigas mediações são substituídas pela midiatização, o que provoca uma despolitização do país.

Usando a metáfora do *wearable computer*, do computador como pele, Sodré descreve o político atual como vestido de televisão. Ele incorpora signos à sua imagem, é transformado em um simulacro verossímil ou crível. A sua imagem pública depende da articulação publicitária que se cria para sua imagem. O político se torna uma imagem, um criador de discursos e de *slogans*. A política é puramente publicidade e propaganda, tornando a disputa democrática um jogo de malabarismos publicitários. Para o pensador, a mídia não cria uma nova política, mas afirma de diversas formas a ideologia neoliberal norte-americana, sedimentada no mercado.

Por tudo isso, Sodré aparenta ser cético quando se trata da construção de uma sociedade mais unida ou que leva a um fim bom através da midiatização. Destaca que, mesmo com as diversas mídias, a sociedade é afetada pelas várias instâncias de poder, e mesmo a mídia pode ser afetada por instituições jurídicas, de mercado, sociais e até religiosas.

O autor cita que dentro do estudo das mídias encontra-se uma corrente que afirma ser a tecnologia de comunicação um artefato para a melhoria social e ontológica do ser humano. Cita, como exemplos, Teilhard de Chardin e Marshall McLuhan, que, entre outros, seguem esse modelo de pensamento.

A teoria basilar desse tipo de tese é que a humanidade se encaminha, no âmbito tecnológico, para uma ultra-humanidade, superintegrada, como em uma união holística de todos em direção a um bem supremo. Dentro dessa concepção, percebe-se que a tecnologia, mais especificamente as tecnologias de comunicação, pode conduzir a uma melhoria social, subjetiva e até espiritual para o ser humano. Nesse sentido, o autor envereda por uma trilha que transcende o humano e apresenta as ideias de Teilhard de Chardin, com sua reflexão que transcende o humano como se compreende até então. Ele lembra que o pensador cristão evolucionista associava as novas tecnologias da comunicação a suas ideias de cunho escatológico, referentes ao caminho progressivo da espécie, propondo a compreensão de um organismo humano planetário, que ele chama de "ultra-humano". Para Sodré, Chardin mantém a sua teologia filomaquinal, referindo-se concretamente "à 'extraordinária rede de comunicação radiofônica e televisiva' como um verdadeiro sistema nervoso, um 'estado superior de consciência, difuso nas franjas ultratecnicizadas, ultrassocializadas, ultracerebralizadas da massa humana" (p. 73).

Chardin toca aqui, ainda de acordo com Sodré, num ponto delicado e crucial, que é a perfeita realização tecnológica como princípio organizador da visão moderna, destacando que, "desde o Renascimento, o ponto de vista do observador dita as regras de construção do espaço representativo da natureza" (p. 72). E esclarece que essa visão, agora tornada objeto, recobre uma infinidade de técnicas responsáveis não apenas pela captação ou a representação de um referente, mas basicamente pela invenção de um espaço próprio. Essas técnicas, segundo Sodré, vão do micro ao macro, redundando em tecnologias da imagem, como o cinema, a fotografia, a televisão, o *laser*, a computação gráfica, a ressonância magnética etc.

As tecnologias comunicacionais, no entender do pensador brasileiro, fazem nascer aquilo que elas iluminam por meio de circuitos proteiformes, ao mesmo tempo tecnológicos, geográficos, econômicos, políticos.

> A produção/reprodução imagística da realidade não se define, portanto, como mera instrumentalidade, e sim como princípio (ontológico) de geração de real próprio. Daí a socialização vicária realizada pela mídia, junto à sua capacidade de permear os discursos sociais e influenciar moral e psicologicamente a forma mental do sujeito metropolitano. O que emerge das ruínas da velha identidade "moderna" é uma nova identidade adaptada ao *ethos* contingente da tecnocultura e permeável a várias regressões pulsionais possíveis (p. 73).

A especificidade antropológica das tecnologias comunicacionais está, para Sodré, na abolição do tradicional espaço físico e na abertura para a possibilidade de um novo tipo de consciência global, prefigurada no que Teilhard de Chardin denominou "ultra--humano". "É preciso perceber isto para entender a passagem da 'comunicação de massa' (centralizada, vertical e unidirecional) à dimensão tecnológica do virtual" (p. 75).

Sodré parece concordar em certas partes com a visão de Teilhard de Chardin quando afirma serem as tecnologias de comunicação e a mídia uma terceira natureza do homem. Todavia, discorda em certa medida do pensador francês e critica no seu pensamento o que chama de uma espécie de materialismo ao afirmar que "a substancialidade orgânica do ultra-humano é feita de informação e capital" (p. 77). Por outro lado, afirma as teorias do ultra-humano quando mostra que as tecnologias criam uma nova relação de espaço físico e uma outra articulação com a realidade, que se dá através de uma percepção virtual de "quase" reais, imagens, vídeos, textos, elementos mediados pela mídia.

O pensamento de Sodré enseja uma análise mais acurada e, como tal, é possível problematizar o seu conceito de bios *midiático* em duas direções: esse quarto bios afeta a forma dos outros três bios? O conceito de bios *midiático* não se torna bastante próximo do conceito de *ideologia* na teoria marxista?

Para estabelecer essa problematização, seguimos o trabalho de Abel Reis,[7] que realiza uma reflexão sobre o conceito de bios *midiático* desenvolvido pelo pensador brasileiro. Ele sublinha que, em seus estudos sobre midiatização, Muniz Sodré deriva esse conceito dos três bios de Aristóteles, e propõe esse novo bios que cria uma nova dimensão de contato com a sociedade através de uma "máquina semiótica simuladora do mundo" (REIS, 2006).

Para Reis, "o *bíos* midiático opera a partir das mesmas estratégias das ideologias, a saber, promovendo e naturalizando crenças, fabricando realidades [...], ordenando o imaginário social e produzindo silêncios [...]" (REIS, 2006, p. 78). Há aqui uma proximidade do conceito de bios *virtual* com o de ideologia, apesar de Sodré não usar esse termo específico.

Por outro lado, podemos problematizar a questão do bios *midiático* em relação às outras esferas de atuação da vida social segundo Aristóteles. Perceber que existe uma nova forma de ser no mundo, um novo bios, leva-nos a pensar como esse novo bios age em relação aos outros. Para Aristóteles, os três bios estão presentes no homem, todavia sendo classificadas certas "classes" dentro de cada bios. A articulação da vida passa pelos bios e a midiatização acaba por afetar a nossa forma de comunicação até mesmo interpessoal. Esse fenômeno não nos levaria a uma reconfiguração da nossa busca por prazer (bios *praktikós*), do nosso modo de fazer política e de nos relacionarmos como sociedade

---

[7] REIS, Abel. Problematizando o conceito de *bíos* midiático. Porto Alegre, *Sessões do Imaginário*, ano 11, n. 15, p. 73-79, jul. 2006.

(bios *politikós*) e, até mesmo, da nossa forma de pensar/teorizar (bios *theoretikós*)?

Se considerarmos uma resposta afirmativa, estaremos em outro ponto e olharemos para a teoria de Sodré sob outra perspectiva. A questão a ser colocada é: Sodré levou até as últimas consequências a existência de um outro bios, fruto da comunicação e tecnologia atuais? Analisando a influência desse "novo bios" na sociedade, Sodré parece tomar uma visão crítica do fenômeno da mídia, mostrando seu caráter ideológico e voltado ao consumo.

Desse ponto de vista somos levados a perguntar: o que é próprio da ideologia e o que é uma mutação da forma de o homem viver na terra? Ou melhor, o que é formulado ideologicamente em vista dos interesses da infraestrutura e o que é realmente uma mudança qualitativa da forma de existir?

Entretanto, apesar das reservas que se pode ter a respeito do pensamento de Muniz Sodré e das limitações que podem ser encontradas no conceito de bios *midiático*, ele ainda é o mais adequado para se pensar a realidade de uma sociedade em vias de midiatização.

Conclusões

É o momento de recolher o que se fez ao longo do trabalho. A retomada do processo exige que se refaça o andado, repisando os principais pontos e marcos do caminho. Aqui se justificam inevitáveis repetições do que anteriormente foi afirmado e discutido.

Desse modo, no percurso para estudar o atual processo de midiatização da sociedade experimentamos uma complexidade crescente. Aquilo que, num primeiro momento, se afigurava como simples e fácil de ser compreendido começou a tornar-se mais profundo e questionador. Quanto mais indagávamos pelas respostas, mais encontrávamos perguntas, questionamentos, interrogações. Como um espelho dentro de um espelho, cada tentativa de resposta suscitava novas interrogações. Ou, então, era como descascar uma cebola.[1]

Contudo, chegamos ao final desta empreitada com algumas descobertas importantes, que elencamos a seguir. Uma é da ordem do objeto e do método da pesquisa em comunicação e outra, da ordem do estágio atual da sociedade, que classificamos não como uma sociedade midiatizada, mas em processo de midiatização.

O objeto e o método

A faísca que deu origem à nossa pesquisa está justamente relacionada a uma pergunta sobre o objeto da comunicação.

---

[1] Günther Grass (*Nas peles da cebola. Memórias*. Rio de Janeiro: Record, 2007) descreve plasticamente essa realidade ao retomar a história de sua vida, com a experiência do Nazismo na Alemanha.

Diante de uma multiplicidade de pesquisas, objetos e até mesmo metodologias, a questão-chave que surgiu foi: afinal, qual é o objeto da comunicação? Mas, antes de ser uma pergunta angustiante, dessas que provocam um certo receio sobre o que se fez até agora, algo como "o que é isso que tenho estudado todo esse tempo?", trata-se de uma pergunta muito pertinente diante da pesquisa em comunicação e que nos levou a novas questões e novos problemas.

Para se constituir um objeto de estudo há perguntas que precisam ser feitas antes, como parte do processo de inquirimento para se chegar a ele. Não se trata de uma pergunta de insipiente, pois, afinal, não se pode perguntar sem ter conhecimento prévio de algo, mas de uma pergunta de incipiente, já que, afinal, não se pergunta quando conhecemos por completo algo e concordamos totalmente com determinado ponto de vista. Assim, a pergunta pela pergunta aparece como um dos pontos centrais para uma reflexão metamidiática, percebendo justamente aquilo que está para além dos dispositivos físico-empíricos da mídia. Nossa pergunta está justamente relacionada com aquilo que está para além do objeto em sua aparição empírica.

A multiplicidade de objetos de pesquisa nos Programas de Pós-Graduação (PPGs) de Comunicação indica que o fenômeno da mídia é plural e os campos que atuam, tendo como ponto comum esse tema, parecem manter essa mesma característica. Todavia, diante de tal multiplicidade, perguntamos: qual é esse objeto? Para trabalhar com propriedade diante do tema, examinamos a questão do objeto e do método nas ciências sociais.

Percebemos existir duas grandes tendências nessa área, uma voltada para os fenômenos em seus elementos atomizados e outra com um olhar fincado na sua condição de totalidade. A primeira visa justamente observar os fenômenos de forma dividida, ou segmentada, como em um método científico em que separamos as partes para entender melhor como funciona determinado mecanismo. Diante das ciências sociais, isso pode ser visto da seguinte maneira: para estudar um grupo devemos compreender os indivíduos que o constituem. Tal é a visão dos individualistas. De outro lado, temos a concepção holista, que afirma que o conjunto de indivíduos cria uma totalidade que transcende os indivíduos, gerando algo maior que apenas sujeitos reunidos.

Partindo dessa concepção, podemos perceber um ponto de articulação diante das pesquisas individuais, dos microfenômenos, e de nossa proposta. A concepção atomista afirma que devemos estudar os fenômenos da mídia separadamente para poder compreender o que é esse objeto de forma precisa. Todavia, nossa visão percebe que o estudo dos fenômenos de forma separada não consegue dar conta da totalidade dos fenômenos em conjunto. Logo, o processo de midiatização da sociedade, contemplando a complexidade das diversas mídias, está para além do estudo particular dessas mesmas mídias.

O objeto de estudo, nesse caso, é o processo de midiatização da sociedade. Por isso mesmo, para percebermos o processo no seu todo devemos nos separar dos meios em suas particularidades. Assim, buscamos pensar os processos midiáticos dentro de uma concepção holista, a fim de perceber os processos de midiatização da sociedade na sua totalidade. Não apenas estudando cada meio, ou só o conteúdo ideológico dos meios, mas sim pensando os vários meios como um conjunto que leva a uma sociedade midiatizada ou em midiatização.

Para tal pesquisa buscamos problematizar/pensar sobre como construir um método para esse objeto. Estudamos a relação de método e objeto na perspectiva de que o objeto precede e determina o método. Entretanto, nosso objeto não se apresenta nem se constitui em cada meio de comunicação em sua particularidade, mas sim está implícito através de uma rede de relações dos processos de comunicação. Num primeiro momento nos dedicamos à problemática do método e objeto dentro das ciências sociais, percebendo haver um ponto de encontro com a problemática do estudo da sociedade com nosso objeto de pesquisa.

Decidimos partir do princípio de que a soma de componentes dentro das ciências sociais gera algo qualitativamente diferente e não apenas altera uma equação quantitativamente. Como o fato da totalidade dos fenômenos da mídia cria uma ambiência que transcende os microfenômenos, podemos diagnosticar que, além de uma outra concepção metodológica diante das ciências sociais, chegamos a outro objeto. Percebemos os meios particulares como um objeto diferente porque estamos nos focando diretamente na concepção do fenômeno midiático, constituído fundamentalmente por uma percepção complexa e holística dos meios particulares. Também não vamos enumerar ou aglomerar pesquisas particulares em vista de perceber a totalidade desse objeto, pois esse tipo de procedimento nos levaria a aproximar de um método atomista.

Mesmo visando à totalidade, decompor o todo em elementos particulares é uma característica comum de uma metodologia atomista. De outra forma, reunir as particularidades tendo em vista chegar a uma totalidade se apresenta apenas como o caminho oposto do mesmo método. Visamos justamente perceber o todo através de um olhar holista diante deles. Em certa medida, perceber aquilo que transcende a totalidade. Contudo, entendemos que essa necessária abrangência do objeto torna-se um problema em si.

O conceito de midiatização

A concepção de midiatização a que chegamos e defendemos tem em vista perceber justamente as complexas relações da mídia na sociedade, observando que a totalidade desses dispositivos tecnológicos de produção, criação e difusão midiática nos leva a uma totalidade sistêmica que altera qualitativamente a esfera da vida humana. Partindo disso, a caracterização de nosso objeto se apresenta como divergente dos estudos particulares até então realizados.

Em busca da compreensão do atual estágio de vida em sociedade, para entender a midiatização, fomos buscar repertório reflexivo em vários pensadores, de diferentes disciplinas, que se debruçaram a entender, por um lado, a complexidade da vida humana sobre a Terra, a partir do conceito de Uno e de Múltiplo; e, de outro lado, as profundas transformações individuais e sociais sempre provocadas pelo surgimento das tecnologias, especialmente da comunicação, ao longo da história da humanidade.

Com base nisso, entendemos que a midiatização pode ser melhor entendida a partir do conceito de unidade e de totalidade da vida individual e social, provocadas pelo atual estágio de celeridade e inventividade tecnológica por que passa a sociedade e, fundamentalmente, a comunicação.

Nesse sentido, o conceito de bios *midiático* de Muniz Sodré se aproxima da nossa concepção de midiatização. Sodré propõe um novo bios diante dos três já formulados por Aristóteles: bios *politikós*, bios *praktikós* e bios *theoretikós*. O bios *midiático* cria uma nova dimensão de contato interpessoal na sociedade. Na realidade, o processo de midiatização da sociedade gera uma nova forma de viver dentro da sociedade, criando uma eticidade própria e uma "terceira" forma de natureza. Essa nova forma modifica as formas de articulação dos mais diversos campos da vida humana, desde as comunicações pessoais até a forma de se fazer política (SODRÉ, 2010, p. 11).

O autor realiza um questionamento conceitual onde são destacados alguns aspectos do que podemos pensar sobre o que é revolucionário. Para Sodré, uma revolução não só modifica o hábito de uma sociedade, mas também transforma o próprio sentido da sociedade. Muda não apenas o comportamento social, mas também a teleologia do modo de produção. Nesse sentido, as modificações tecnológicas afetam a vida, mas são, segundo ele, repetição (potencialização) do sistema que emergiu no século XIX.

Na dimensão política, Sodré mantém uma visão crítica das transformações que ocorrem na sociedade, afirmando que hoje a política se transformou em malabarismos publicitários. O político passa a se tornar uma imagem, um fluxo semiótico, onde é representado aquilo que se busca passar ao público. O político é transformado em uma figura pública, acabando por se tornar uma "'imagem' tecnossemiótica" (SODRÉ, 2010, p. 37).

Muniz Sodré vê nesse novo bios uma nova forma de relação com o mundo, porém não necessariamente qualitativamente melhor. Existe uma nova articulação com a realidade que se dá através de uma percepção virtual de "quase" reais, imagens, vídeos, textos, elementos mediados pela mídia ou, de alguma forma, por mídias. Dentro dessa nova forma de relacionamento com a realidade existe um espaço na grande mídia que cria uma concepção própria de real, com uma estética palatável, agradável, desejável. Assim, a realidade produzida por aparatos técnicos virtuais está mediada por espaços publicitários e por mediações jornalísticas. Logo, mesmo sendo midiática nossa relação com o mundo hoje, devemos manter uma posição crítica diante da mediação de conteúdo e dos polos de criação e mediação dos conteúdos.

Diante das problematizações sobre o conceito de midiatização, percebemos diferentes cosmovisões diante desse fenômeno. Algumas concepções preestabelecidas filosófico-científicas foram percebidas, inviabilizando a busca de uma concepção puramente objetiva e única diante desse objeto. Todavia, visamos problematizar tal conceito e para isso percebemos que diagnosticar alguns pressupostos teóricos é basilar para entender a concepção que cada autor (e pesquisador) tem desse objeto.

Utilizamos a problematização de Dominique Wolton,[2] quando afirma que "não existe teoria da comunicação sem uma teoria da sociedade". Percebemos nessa provocação um elemento fundamental na pesquisa sobre comunicação e problematizamos o contrário: existe uma teoria da sociedade hoje sem uma teoria da comunicação? O tema parece problemático, porém é uma provocação necessária. A mídia, hoje, envolve a sociedade de tal maneira que uma cosmovisão da sociedade passa por uma visão dada pela mídia, e diríamos mais: nossa relação com os discursos simbólicos da sociedade passa hoje por uma relação com o discurso midiático. Essas especulações contribuem para nosso ponto de partida, qual seja, o objeto da comunicação em uma concepção holista.

Complexificando ainda mais a nossa reflexão, enfrentamos o problema da conceituação do termo midiatização. Nossa reflexão está relacionada com um conceito de midiatização, porém nos deparamos com diversas maneiras de descrever o que é esse fenômeno, cada qual apresentando uma cosmovisão diferente e até divergente diante dos meios de comunicação. Percebendo isso, diagnosticamos ser a midiatização um conceito plurívoco e não plurissêmico. Isto é, um conceito que admite várias significações, que tem muitos sentidos e acepções, e não um conceito que tem vários significados.

Esses fatos nos levaram a descobrir um possível campo de atuação em nossos estudos futuros. Visando perceber os múltiplos conceitos atribuídos à midiatização, vemos a possibilidade de uma continuidade da pesquisa por esse viés: perceber justamente as várias descrições diante do conceito de midiatização se apresenta como um caminho interessante para diagnosticar o objeto da comunicação.

---

[2] WOLTON, Dominique. *Pensar a comunicação*. Brasília: Editora Universidade de Brasília, 2004. p. 62.

Mapa do processo de midiatização

Por fim, à guisa de conclusão, propomos um mapa sistêmico que, por meio de uma imagem, permite uma visão cinestésica do processo de midiatização. A proposição deste mapa parte da assertiva de que a sociedade se constitui por meio da comunicação. O conteúdo da comunicação é a expressão da vida dessa sociedade: passado, presente, futuro, histórias, sonhos etc. O resultado é o compartilhamento de vivências entre as pessoas de todas as gerações, num fluxo contínuo. O processo comunicacional possibilita os avanços progressivos da sociedade, sempre em níveis cada vez mais complexos.

O processo comunicacional é um dos exemplos acabados do chamado pensamento sistêmico. Entende-se por pensamento sistêmico uma nova forma de abordagem que compreende o desenvolvimento humano sob a perspectiva da complexidade. Para percebê-lo, a abordagem sistêmica lança seu olhar não somente para o indivíduo isoladamente, mas também considera seu contexto e as relações aí estabelecidas.

Pensar sistemicamente exige uma nova forma de olhar o mundo, o homem, e, consequentemente, exige também uma mudança de postura por parte do cientista. Postura essa que propicia ampliar o foco e entender que o indivíduo não é o único responsável por ser portador de um sintoma, mas sim que existem relações que mantêm este sintoma. Um mapa sistêmico é uma expressão gráfica dos inter-relacionamentos entre os diversos elementos em jogo nos processos sociais.

O mapa sistêmico aqui desenhado e analisado procura mostrar a sociedade na sua dinâmica de comunicação, evidenciando a relação entre contado e resultado; mais, verificando a assertiva inicial de que o processo comunicacional envolve, no todo, um processo de pensamento sistêmico.

SOCIEDADE EM MIDIATIZAÇÃO

No processo de comunicação há circulação de conteúdos que, elaborados socialmente, produzem resultados práticos e simbólicos. Isso aparece nos distintos elementos em jogo no processo de comunicação: a sociedade, a comunicação, os processos midiáticos. Existem relações diretas, imediatas, e relações indiretas, mediadas pela mídia nos seus processos de significações e sociais.

O relacionamento da mídia com os processos de significação e com os processos socioculturais, como se vê na figura acima, expressa a realidade e se dá no âmbito do que se denomina "marco dos processos midiáticos". Esses dois movimentos, além disso, interagem para a construção do sentido social, levada a cabo por indivíduos e sociedades.

A mídia são os meios eletrônicos que desempenham o papel de dispositivos enunciadores da informação. Nela se percebe um processo de significação que contempla a construção do discurso nas suas diversas configurações – tanto construções verbais como não verbais, por imagens, gestos, ações. No marco das possibilidades comunicativas, a mídia escolhe determinados conceitos, imagens e gestos com os quais elabora um processo enunciativo que permite a comunicação com e para a sociedade. No mesmo movimento, a mídia desenvolve uma dinâmica de processos socioculturais.

A importância dessa dinâmica reside no fato de que qualquer processo significativo incide diretamente nas relações sociais, as quais, por sua vez, condicionam, determinam e influenciam tanto os processos de significações como a mídia na sua atuação comunicativa. As relações, inter-relações, correlações, conexões e interconexões acontecem num movimento de mão dupla entre os três polos dos processos midiáticos. Isto é, a mídia, os processos de significação, os processos socioculturais influenciam-se mutuamente, gerando o fenômeno dos processos midiáticos.

A circulação de mensagens acontece de forma imediata entre o polo da emissão e o polo da recepção. O mesmo processo acontece midiaticamente. A mídia se apropria de conteúdos e trabalha-os por meio dos processos de significação e socioculturais. Esse movimento complexo se dá e acontece dentro dos contextos dos processos midiáticos.

A circulação também se estrutura em conexões e interconexões que se desenrolam no marco das relações que a sociedade engendra para que a comunicação aconteça com rapidez e eficácia. Os conteúdos transmitidos chegam à sociedade e seus resultados retornam para o processo de comunicação, via processos midiáticos, gerando, assim, um ambiente comunicacional mais amplo, que influencia e é influenciado pelos seres humanos. Conforme dissemos, é graças à comunicação que a sociedade se estrutura e estabelece relações que permitem o desenvolvimento humano.

Entretanto, hoje, com o advento da tecnologia digital, essas inter-relações se tornaram complexas e se ampliaram, criando uma nova ambiência. O processo humano de comunicação é potencializado, na sociedade contemporânea, pela sofisticação de seus meios eletrônicos. Desse modo, os inter-relacionamentos comunicacionais, bem como os processos midiáticos, ocorrem no caldo cultural da midiatização. A realidade da sociedade em midiatização supera e engloba as dinâmicas particulares que esta engendra para se comunicar. O meio social é modificado.

A tela de fundo, o marco dentro dos qual interagem as dinâmicas sociais, é gerada pela assunção da realidade digital. A virtualidade digital traz como consequência a estruturação de um novo modo de ser no mundo. A sociedade em midiatização constitui, nessa perspectiva, o caldo cultural onde os diversos processos sociais acontecem. Ela é uma ambiência, um novo modo de ser no mundo, como dissemos, que caracteriza a sociedade atual.

As inter-relações recebem uma carga semântica que as coloca numa dimensão radicalmente nova, qualitativamente distinta, em relação ao modo de ser na sociedade até então. Comunicação e sociedade, imbricadas na produção de sentido, articulam-se nesse caldo de cultura que é resultado da emergência e do extremo desenvolvimento tecnológico. Mais do que um estágio na evolução, ele é um salto qualitativo que estabelece o totalmente novo na sociedade.

O resultado desse movimento cria um ambiente – que chamamos de sociedade em midiatização – que configura para as pessoas um novo modo de ser no mundo, onde os meios não mais são utilizados apenas como instrumentos possibilitadores das relações pessoais, mas fazem parte da autocompreensão social e individual. A identidade é construída a partir da interação com os meios. A pessoa não é um "eu" que usa instrumentos como extensão de seu corpo, mas um indivíduo que se autocompreende como um ser que preza as suas relações e conexões através da existência dos instrumentos tecnológicos de comunicação.

A sociedade em processo de midiatização é maior, mais abrangente, que a dinâmica da comunicação até agora levada a cabo na chamada sociedade dos meios. Não é somente a comunicação que é potencializada. Isto é, não apenas as possibilidades de comunicação, por meios tecnológicos extremamente sofisticados, caracterizam o contexto atual. Mas a sofisticação tecnológica, amplamente utilizada pelas pessoas desde a mais tenra idade, cria um novo ambiente matriz que incide diretamente sobre o modo de ser, pensar e agir em sociedade. A esse ambiente matriz designamos de sociedade em midiatização.

A midiatização, portanto, abrange dois movimentos simultâneos e dialéticos. De um lado, ela é fruto e consequência das relações, inter-relações, conexões e interconexões da utilização pela sociedade dos meios e instrumentos comunicacionais, potencializados pela tecnologia digital. De outro, ela significa um novo ambiente social que incide profundamente nessas mesmas relações, inter-relações, conexões e interconexões que constroem a sociedade contemporânea.

A sociedade é em midiatização. O ser humano é em midiatização. Isso, hoje, se sublinha, configura um novo modo de ser e viver em sociedade. Esse é o substrato cultural no qual se movem os diversos grupos sociais no mundo. A sociedade erigida nesses movimentos é uma sociedade em processo de midiatização.

Referências bibliográficas

AGOSTINHO. *A verdadeira religião*. São Paulo: Paulus, 1987.

BAUMAN, Zygmunt. *Amor líquido;* sobre a fragilidade dos laços humanos. Rio de Janeiro: Zahar Editores, 2004.

BOCHENSKI, J. M. A fenomenologia de Edmund Husserl. In: *A filosofia contemporânea ocidental*. São Paulo: Herder, 1968.

BRAGA, Lucia Santaella. *Culturas e artes do pós-humano. Da cultura das mídias à cibercultura*. São Paulo: Paulus, 2003.

CASTELLS, Manuel. *A galáxia da internet;* reflexões sobre a internet, os negócios e a sociedade. Trad. Maria Luiza X. de A. Borges. Rio de Janeiro: Jorge Zahar Ed., 2003.

CHARDIN, Pierre Teilhard de. *El porvenir del hombre*. Madrid: Taurus, 1962. p. 143.

_____. *O fenômeno humano*. Trad. José Luiz Archanjo. São Paulo: Cultrix, 1999.

CORETH, Emerich. Metafísica. *Una fundamentación metódico-sistemática*. Barcelona: Herder, 1964.

CUSA, Nicolau de. *A douta ignorância*. Trad. Reinholdo Aloysio Ullmann. Porto Alegre: EDIPUCRS, 2002.

ERLER, Michael (org.); GRAESER, Andréas. *Filósofos da Antiguidade*. II. Do helenismo à Antiguidade tardia. Uma introdução. São Leopoldo: Unisinos, 2003.

FAUSTO NETO, Antônio; GOMES, Pedro Gilberto; BRAGA, José Luiz; FERREIRA, Jairo. *Midiatização e processos sociais*. São Paulo: Paulus, 2008.

GAETA, Rodolfo; GENTILE, Nélida; LUCERO, Susana. *Aspectos críticos das Ciências Sociais*. Entre a realidade e a metafísica. São Leopoldo: Editora Unisinos, 2007.

GALIMBERTI, Umberto. *Psiche e techne*. São Paulo: Paulus, 2005.

GOLDMANN, Lucien. *Dialética e cultura*. Rio de Janeiro: Paz e Terra, 1967.

GOMES, Pedro Gilberto. *A filosofia e a ética da comunicação no processo de midiatização da sociedade*. São Leopoldo: Unisinos, 2006.

_____. *Tópicos de teoria da comunicação*. 2. ed. São Leopoldo: Unisinos, 2004. p. 114-121.

HEIDEGGER, Martin. *Ser e tempo*. Rio de Janeiro: Vozes/EDUSF, 2008.

HUSSERL, Edmund. *A ideia da fenomenologia*. Trad. Artur Morão. Lisboa: Edições 70, 1990.

KOBUSCH, Theo (org.). *Filósofos da Idade Média. Uma introdução*. São Leopoldo: Unisinos, 2003.

LUHMANN, Niklas. *A realidade dos meios de comunicação*. São Paulo: Paulus, 2005.

_____. *Introdução à teoria dos sistemas*. Petrópolis: Vozes, 2011.

MARCONDES FILHO, Ciro. *Superciber;* a civilização místico-tecnológica do século 21. Sobrevivência e ações estratégicas. São Paulo: Paulus, 2009.

MARTÍN-BARBERO, Jesús. De la comunicación a la cultura. Perder el "objeto" para ganar el proceso. *Signo y Pensamiento*, Bogotá, Universidad Javeriana, n. 5, vol. 3, II semestre de 2009.

MATURANA, Humberto; VARELA, Francisco. *De máquinas e seres vivos;* autopoiese – a organização do vivo. Porto Alegre: Artes Médicas, 1997.

McLUHAN, Marshall. *Os meios de comunicação como extensões do homem*. Trad. Décio Pignatari. 8. ed. São Paulo: Cultrix, 1996.

MERLEAU-PONTY, Maurice. *Fenomenologia da percepção*. São Paulo: Martins Fontes, 1994.

MORIN, Edgar. *Introdução ao pensamento complexo*. Trad. Dulce Matos. 4. ed. Lisboa: Instituto Piaget, 2003.

NEVES, Clarissa Eckert Baeta; SAMIOS, Eva Machado Barbosa. *Niklas Luhmann;* a nova teoria dos sistemas. Porto Alegre: Ed. Universidade/ UFRGS/Goethe-Institut/IBCA, 1997.

PLATÃO. *Diálogos;* Timeu/Crítias/O Segundo Alcibíades/Hípias Menor. Trad. Carlos Alberto Nunes. Belém: Universidade Federal do Pará, 1986. v. 11.

REIS, Abel. Problematizando o conceito de *bíos* midiático. *Sessões do Imaginário*, Porto Alegre, Famecos/PUCRS, ano 11, n. 15, jul. 2006.

ROSNAY, Joël de. *Homem simbiótico.* Perspectivas para o terceiro milênio. Petrópolis: Vozes, 1997.

_____. Un cambio de era. In: RAMONET, Ignacio. *La post-televisión.* Multimedia, internet y globalización económica. Madrid: Icaria, 2002. p. 17-32.

SANTOS, Mário Ferreira dos. *Platão. O um e o múltiplo;* comentários sobre o *Parmênides.* São Paulo: Ibrasa, 2001.

SODRÉ, Muniz. *Antropológica do espelho;* uma teoria da comunicação linear e em rede. Petrópolis: Vozes, 2010.

ULLMANN, Reinholdo Aloysio. *Plotino;* um estudo das *Enéadas.* Porto Alegre: EDIPUCRS, 2002.

WOLFE, Tom. Introdução. In: McLUHAN, Marshall. *McLuhan por McLuhan.* Rio de Janeiro: Ediouro, 2005.

Impresso na gráfica da
Pia Sociedade Filhas de São Paulo
Via Raposo Tavares, km 19,145
05577-300 - São Paulo, SP - Brasil - 2016